会社では教えてもらえない

結果を出せる人のビジネスマナー

はじめに

私は会社を設立する前、短期間ですがフリーランスで研修の仕事を請けていた時期がありました。まだまだご依頼が少なかったので、やっといただいた研修は、しっかり結果が出るようにと、何度も打合せを重ねました。多いときは4時間の研修にもかかわらず、3回以上の意見交換をして内容を練り込んだのです。その過程で、依頼先の企業の方と、信頼関係を構築していきました。

そのような毎日のなかで、電話応対研修を数回行った、ある会社の取締役からこんなことを言われました。

「尾形さん、あなたにこれからの研修をすべてお任せしたい。あなたの研修は結果が出るし、うちの社員が信頼できる先生だと言っている」

なんて嬉しいお言葉でしょう。「結果が出る」そして「信頼」。起業を考えていた私にとっては、「奮起の言葉」となりました。その後、10年以上、あらゆる部門から研修のご依頼があり、長いお付き合いをさせていただきました。まさに「信頼」が仕事の結果につながったのです。そして、リーダー養成研修で数ヶ月間、濃い時間を過ごした社員の皆さんとは、今も連絡を取り合って、年に数回食事会をしています。ありがたいことですね。

逆に、恥ずかしい失敗談ですが、会社経営や講師の仕事にも慣れていった頃、あまりの忙しさに、打合せもそこそこに研修を実施したことがありました。結果、方向性にずれがあったり、時間内に終わらなかったり、と惨憺たるものでした。

ビジネスマナーの講師として、信頼を第一に、と説明していた私自身が、それをおろそかにしてしまっていたのです。もちろん、その会社からは二度と依頼はありません。本当に申し訳なく、反省したものです。その後、リーマンショックも重なり、私の仕事にも氷河期が訪れ、「好調なときほど謙虚に、そして慎重に」という言葉が身に沁みました。

ただ、仕事が少なかったこの時期、僧侶の修行に専念することができました。自分を見つめなおし、違う道に踏み出すことができた貴重な時間だったとも感じます。

さて、それからは、いただいた仕事には誠実に向き合い、信頼関係をより重視したのは言うまでもありません。

また、自分でできないことは、部下や専門家にお願いするなどして、相手が求めている以上に高いクオリティで提供できるよう取り組みました。失敗あっての気づきですね。今もその姿勢は変えず、現在、研修・講演は、年間100回以上、5年以上お付き合いをさせていただいている企業様は10社以上にのぼります。

＊

仕事で結果を出すためには、何が大切だと考えますか？

計画を立てる、チームを作る、マーケティング、営業力……など、多くのことが思い浮かぶかもしれません。

それらももちろん必要なことですが、周りをよく見てみましょう。弁も立ち、スキルが高そうな人が、なぜか認められていない。また、自己アピールが上手く、社内外に多くの知人がいるのに実績にはつながらない人、というのもよくみかけます。

逆にあまり目立たず、多少口下手でも、取引先や上司から認められている人が必ずいるはずです。

その差は表面的な能力というより、もっと深いところにある「信頼」なのです。

仕事を依頼するとき、1回や2回なら、表面的な能力で選んでしまうかもしれません。しかし、長いお付き合いになると、「○○さんにお願いすれば安心だ」「○○さんがいることでスムーズに事が運ぶ」など、その人の能力だけではなく、人柄も大きな要素となります。相手の言葉や行いを好意的に受け取るのか、猜疑心を抱きながら受け取るのかで、結果が変わるのは当然のことです。

そして、その**「信頼」は、身だしなみや態度、人との接し方、仕事の姿勢など、普段の心がけで作り上げることができるといっても過言ではありません。基礎となるものは「ビジネスマナー」なのです。**

本書のタイトルの、「結果を出せるビジネスマナー」とは、このような考え方からきています。

仕事は「人対人」。極論を言えば、仕事の成功は人間関係で決まります。いくら能力が高い人でも、信頼されなければ長く仕事を任されることはありません。

＊

周りの人より一歩先へ行くためには、マナーの「形」だけではなく、理由や成り立ちを覚えることも、大事な要素です。マナーの背景までしっかりと考えることで、まだしっかり覚えていないことに直面したときにも、とっさの状況対応の道筋が見えてくるからです。

また、背景を理解していることで、所作・言動に心がこもり、自信をもって対応することができるでしょう。その心がけは、相手にもしっかり伝わります。


いずれ、自分が上司として部下を指導するとき、「このマナーにはこんな理由があるんだ」と伝えることで、その想いが受け継がれて、会社の文化になっていくでしょう。これは大げさなことではありません。「リーダーの役割は会社の文化創生だ！」と経営方針に明記している会社もあるほどです。

この本を読まれている方の多くは、まだ部下を指導するということまで想像がつかないかもしれませんが、**今のうちからしっかりと身につけておくと、いざ指導することになったときの言葉に、たしかな説得力が加わります**。

本書では、その「なぜか」と「相手はどう感じるか」という解説を随所に掲載しています。ただマナーを覚える本ではなく、マナーと知識を得る本として吸収し、仕事の結果につなげていただけたら、本当に嬉しく思います。

尾形圭子

目次

第2章

まずはおさえておきたいビジネスマナーのキホン

第3章

仕事がスムーズに回る！社外の人へのマナー

第4章 結果を出す人が一番大事にする社内マナー

第5章 顔が見えないからこそ問われる電話・メールのマナー

第6章 型通りを抜け出す ワンランク上のマナー

カバーデザイン　小口翔平＋岩永香穂（tobufune）
本文デザイン・図版　松好那名（matt's work）
イラスト　フクイサチヨ

第 1 章

「マナーなんて、しょせん形だけ」と思っていませんか

The basic works of Business Etiquette

Basic works of Business Etiquette

1

ビジネスマナーは新入社員だけが学ぶものにあらず

!

ベテランになるほど忘れがちなこと

どこまで行っても仕事は結局、「人対人」

ビジネスマナーと聞いて、どのような印象を持つでしょうか。

「細かいことを覚えなきゃならなくて面倒」

「まずは挨拶と笑顔で乗り切ろう！」

「ある程度仕事も覚えたし、もうそこまで深く考えなくてもいいのでは……」

などといった答えが返ってくるかもしれません。

たしかに、ビジネスマナーには覚えなければならないことがたくさんあります。敬語を基本とした話し方や名刺の渡し方、電話応対、座る位置……などなど。どこまで何を覚えればいいのか、そしてそこまで気にする必要があるのか、と考えてしまいがちです。

しかし、**ビジネスの場でマナーを身につけていないと、仕事がスムーズに進まなかったり、ときには仕事自体を任せてもらえないこともあります。**

社内の人でも、社外の人でも、一緒に仕事をするということは、長い時間を共有することになります。そこでマナーのない行動を取ってしまうと、「信用できない」「次の仕事は別の人に任せよう」と思われてしまいます。

結局ビジネスも「人対人」で行われるものなので、一度相手に不快な印象を抱かれると、その後の関係がスムーズに進まなくなってしまうのです。

相手を不快にさせないために、言葉遣いや振る舞い、仕事に対する姿勢をどのようにすれば良いかを考えるのがビジネスマナーです。

それは、新入社員として入社したときに覚えたものだけでOK、というものではありません。むしろ、覚えたマナーを忘れてしまったり、軽視するようになってしまったときにこそ、意識し直してほしいのです。

まずは、本書で紹介していく、「相手を不快にさせない」ためのマナーをひとつずつ意識することから始めてみてください。少しずつでもできるようになると、やがて「気配り」ができるようになっていきます。

それが周りからの評価を上げ、「信頼できる人」という印象につながっていきます。

マナーは覚えることが多くて大変そう…

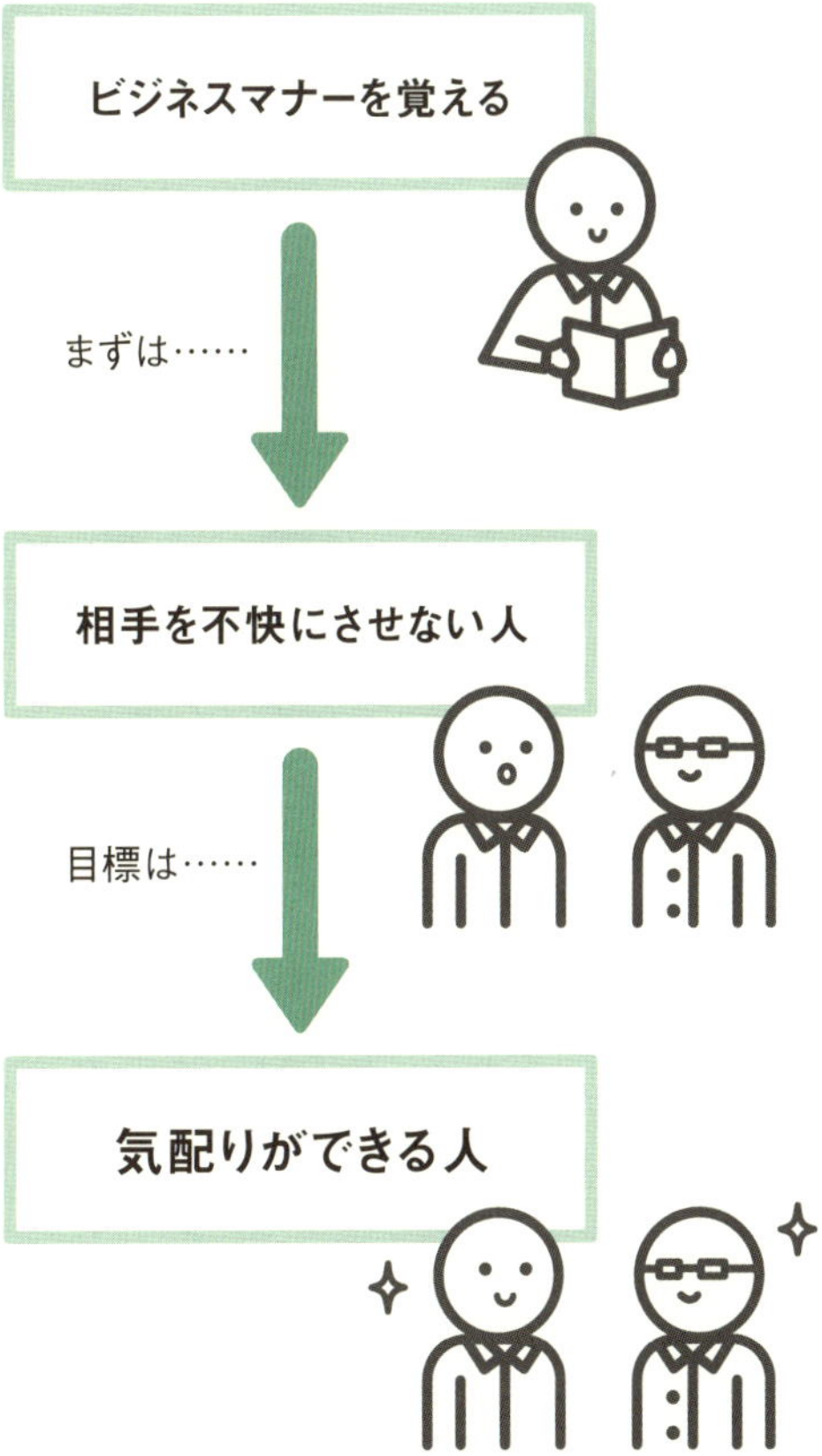

**基本は相手を「不快にさせない」こと。
そのために何をすれば良いかを考える**

Basic works of Business Etiquette

2

フランクなのに信頼度抜群の人が裏でしていること

!

折に触れた贈り物、こまめな連絡…

目に見えない気配りを張り巡らせている

皆さんの職場に、普段フランクなのに、社内からも社外からも支持されている人はいませんか。ときに軽口を叩いたり、くだけた話題で盛り上がっていたり、「○○さん、いつもどーも！」など、きちんとした敬語を使っていなかったり……。しかし、彼らは誰からも一目置かれていて、ものすごい営業注文を取ってきたりします。

それはなぜなのでしょうか。端から見ていると、「ビジネスマナーなんて本当はそこまで気にしなくてはいいのでは？」と思いたくなるほどです。もしかすると、マナーなど一切気にせず、とにかく人と仲良くなることのほうが大事なのでしょうか。

たしかにそれは一理あります。前述の通り、ビジネスとはいえ基本は人と人。仲良くなるに越したことはありません。いわゆるコミュニケーションの天才のような人がいたら、仕事を進める上でかなり有利になります。

しかし、だからといって、いきなり取引先や上司と仲良くなることだけを考えて振る舞うのは早計です。

なれなれしいのと、フレンドリーなのは実はまったく違います。

先ほど例に挙げた人たちを、よくよく観察し直してみてください。実は折に触れて気の利いた贈り物をしていたり、報告や連絡をこまめにしていたりと、おそらく非常に気を遣って行動しているはずです。

コミュニケーションにたけた人は、なれなれしく思われてしまうラインを超えないように、**相手や場面によって振る舞いを変えながら、自然と距離を縮めていく**のです。

ビジネスマナーをしっかり身につけると、自ずとそのラインや、相手に好まれる対応が見えてくるようになります。

また、何より自ら心を開いている人が多いように感じます。自分の中で壁を作ってしまい、仕事の話しかしなかったりすると、なかなか信頼関係を築くことができません。ビジネスの場でも、実はこうした心の部分がとても大切なのです。

一見、なれなれしいだけに見えてしまうが…

心を開いて素直に接する

細やかな気配り

仕事は納期よりも前倒し

気の利いた贈りもの

結果を出す人は細部まで
気遣いの手を抜かない

Basic works of Business Etiquette

3

「マナーなんて、しょせん形」は必ず見透かされる

!

「慇懃無礼」はマナー知らず以上に
失礼になる

丁寧に書いたつもりのメールがトラブルに…

「まじめに仕事をしているのに、なかなか相手の信頼を得られない……」
「普段からマナーには気をつけているつもりなのに、上司に『マナーがない』と叱られてしまった」

このように思ったことはありませんか。相手に失礼にならないように……と思って行動しているのに、取引先を怒らせてしまったり、上司に叱られてしまったり。

以前20代の知り合いから、「取引先をひどく怒らせてしまった」と相談を受けたことがあります。その人はしっかりとした言葉遣いで凜とした印象のため、「この人に対して、そんなに怒る人がいるなんて」と初めは不思議に思いました。

しかし、よく観察し、詳しく話を聞いていくと、**メールの返信が速くても用件のみで気配りの言葉がひとつもない、笑顔でも目が笑っていない「冷たい笑顔」、また、言葉遣いはきれいなのですが、言い方がストレートで非常にキツイ、**といった部分が見えてきました。

おそらく、取引先の方はこういったことが少しずつ積み重なって不信感が募り、何かのきっかけで爆発してしまったのだと考えられます。

ビジネスマナーは決して「形」を覚えればOK、というものではありません。

「ビジネスマナーを教えてください！」と言って、私のところに来る人がいらっしゃいますが、「形」を覚えることばかりに注力して、何のために覚えるのか、ということが抜けている人が多いのです。

もちろん、敬語の使い方やお客様を案内するときの作法など、形を覚えるのも大事なことです。しかし、**もっとも大事なことは「相手への敬意」**という心の部分なのです。文章や言葉遣いが丁寧ならばそれで敬意は伝わる、というものではありません。

「急ぎのメールでもひと言添えよう」

「自分のために都合をつけてくれたのだから、きちんとお礼を伝えよう」

このように、相手の気持ちを常に考えて行動することがとても大切です。

「敬意」がなければマナーではない

■ 一見常識があるのに…

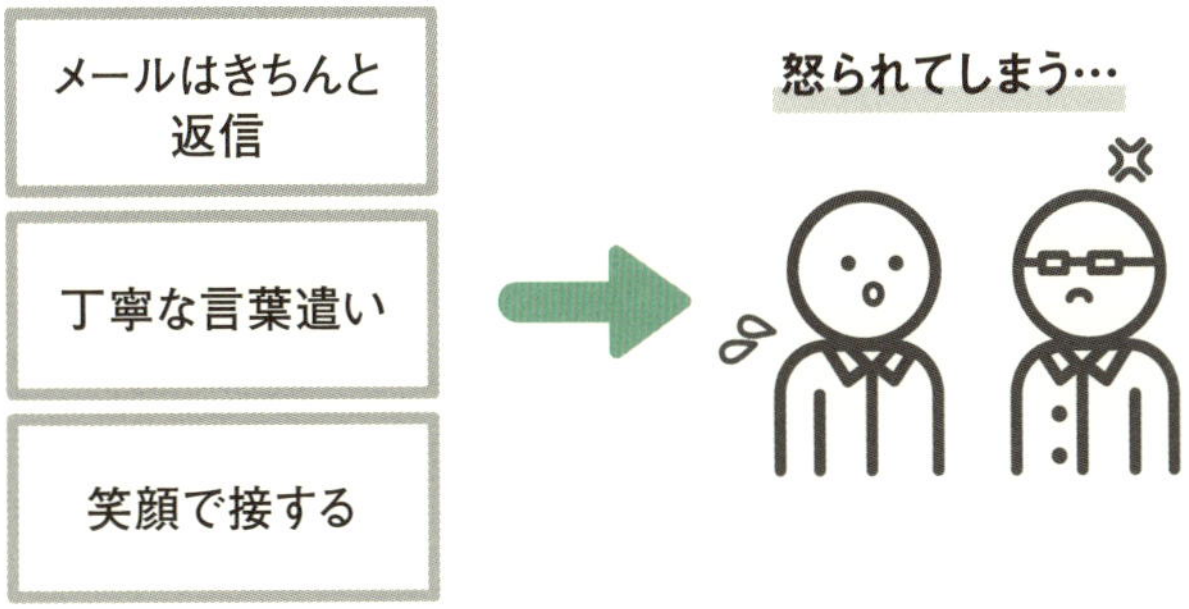

■ 形だけでは不十分

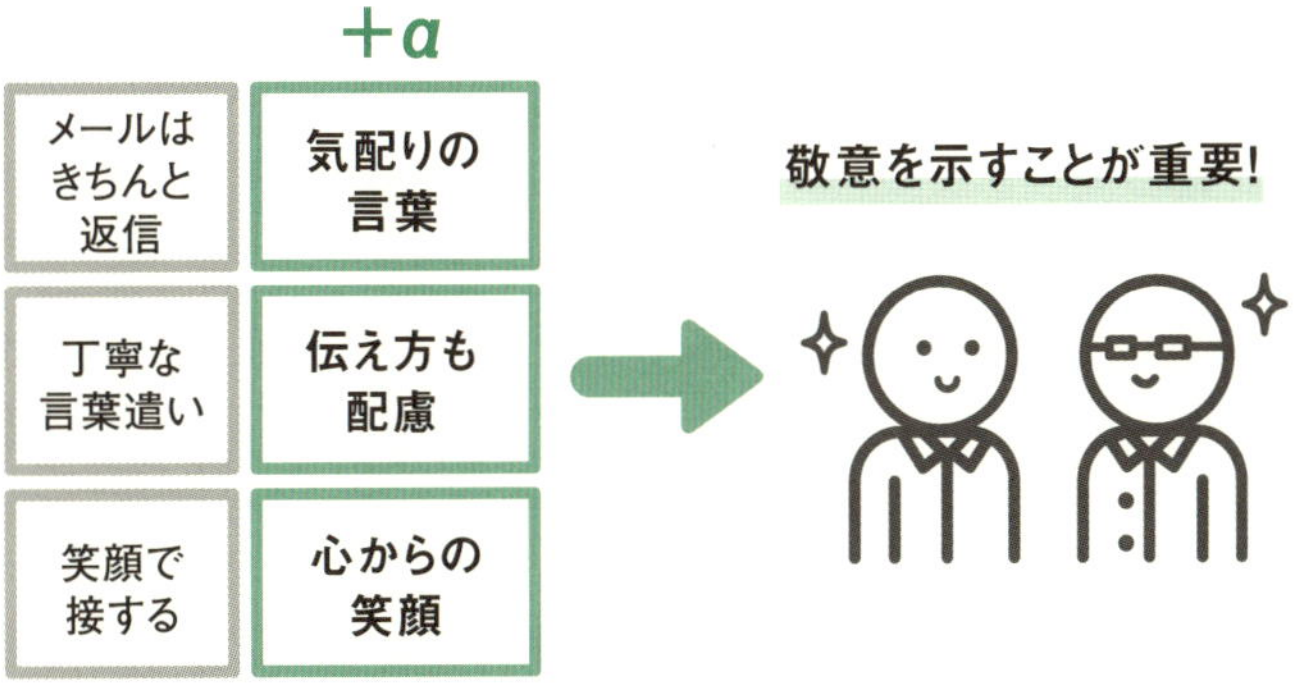

相手の気持ちを深く考えると
自然と気遣いのある行動ができる

その言葉が「敬意」から出たものかどうか

マナー全般のことを「敬語」に例えてみましょう。言語学者の菊地康人先生はこのようにおっしゃっています。

「敬語の誤りにも、寛容に聞ける『真心ある失敗型』もあれば『失礼な無愛想型』や『空虚な軽薄型』のように不快なものもある。同じ誤りでも、どのように映るかは、結局は、背後にある人柄次第といえるでしょう」

このように、相手があっての言動はすべて、自分自身の人柄・心からにじみ出てくるものだということです。そして、それを相手は敏感に感じ取っているのです。

「慇懃無礼」という言葉があります。どんなにうわべを取りつくろって、形だけ整えても、心の中に相手への敬意がなければ意味がないばかりか、むしろ失礼にもなってしまうのです。

誤解を恐れずに言えば、**相手にしっかりと敬意を払っていれば、多少マナーが抜けている部分があっても、意外と寛容になってくれるもの**です。

もちろん、ある程度覚えなければいけないことはあります。形を覚えていないと、心が伝わらない側面も否定できません。

しかし、もっとも大事なことは、相手への敬意と、相手に敬意を払うためにマナーを覚えようとする気持ちなのです。

Basic works of Business Etiquette

4

「戦略的」に相手の心を開いていく武器

!

何をしたら相手が"喜ぶ"か、
知識を持って行動する

一歩先のマナーまで身につける

　私が研修をするときなどに、自分の肩書きを「戦略的マナー講師」としている理由は、「ビジネスマナーは、ビジネス成功のためのひとつの大きなツールだ」と考えているからです。

　一般的なマナーは「相手を不快にさせないための行儀・作法」として考えます。しかし、私が提唱するビジネスマナーは、そこからさらに踏み込んで、仕事上で関わる、取引先・上司・先輩・部下など、すべての人から信頼を得て、ビジネスパーソンとして抜きん出るためのものです。

　周りにいる仕事ができる人たちを観察してみてください。彼らの気遣いや配慮に心を動かされたことはないでしょうか。たとえば、ギリギリのスケジュールのなか、急な変更をお願いしたのに、文句ひとつ言わないばかりか、予想以上の質の物を、しかも予定を前倒しで上げてくれる……。

　結果を出す人は、何をしたら相手が喜び、信頼されるのか、プラスアルファのマナーを知っています。そして彼らは、大きな仕事を任されたり、早く出世するなど、周りより一歩も二歩も先を進んで行きます。

仕事で結果を出したいと考えているのであれば、自然とそれが身につくのを待つのではなく、自ら戦略として「身につける」ほうが近道です。

たしかに、ある程度のマナーであれば、実際に仕事をする上で指摘されたり注意されていくうちに身についていくものです（もちろん、身につくまでに失った信用は計り知れませんが……）。

そんななか、何をすれば相手の心を開くことができるのかを知ったうえで実践できると、大きなアドバンテージになります。

そこで、自分はどうなりたいのか、相手にどうしてほしいのか、そのための自分の行動は……、と結果を見据えて戦略的に動いていくと、より相手からの信頼や評価を得やすくなります。

「ただただ丁寧に」「習うより慣れろ」ではなく、**相手が何をしたら喜ぶのかを念頭において行動する。**それが最短で結果を出す方法です。

本書で説明するビジネスマナーは、「人間力＝マナーの本質」を身につけていただ

「習うより慣れろ」で経験していくよりも…

経験して学んでいく → 遠回りになる

戦略的に身につける → 近道で成長も早い

先に学んで「武器」としてマナーを
使ったほうが断然有利

くためのものです。

「あの人はきちんとしている」「安心して仕事を任せられる」と思われる人は、マナーが「身についている」のではなく、「身につけている」のです。

マナーという武器を手にできれば、どんな場に行っても必ず役に立ちます。まずはマナーを戦略として考えてみてください。

第2章

まずはおさえておきたいビジネスマナーのキホン

The basic works of Business Etiquette

Basic works of Business Etiquette

5

丁寧さが最上のマナーとは限らない

!

おもてなしより迅速さが
最優先のこともある

航空会社のマニュアルが一般企業では不適切に

ビジネスマナーにおいて、もっとも大事なことは具体的に何だと思いますか。「とにかく丁寧であること」や「礼儀を欠かさないこと」でしょうか。

もちろんそれも大切なことです。丁寧な言葉遣いを心がけたり、挨拶やお礼などの礼儀を欠かさないことも、仕事をする上で必須です。

しかし、実はそれ以上に大事なのは、**「相手の気持ちを想像して行動すること」**です。

「失礼のないように言葉に気をつけたり、挨拶やお礼をきちんとしたりするのは、相手の気持ちを害さないためなのでは？」

たしかにそうです。けれども、必ずしもイコールではないときがあるのです。

私は航空会社退職後、書店の人材育成部門に転職しました。新人として初めての仕事はやはり電話応対です。接客には自信があった私です。

「はい、○○でございます。いつも大変お世話になっております」

と、笑顔でゆったりと、そして最上級の敬語で対応いたしました。ところが、電話が終わった後、隣の席の人から、

「尾形さんの電話応対は丁寧すぎます。もっとテキパキと話をしないと、相手も忙しいので」

と厳しいひと言を言われてしまいました。

航空会社では「笑顔・丁寧・思いやり」を大切にしており、私もそれこそがマナーだと思っていました。しかし、**企業間では「おもてなし」を求めているのではなく、まず「的確・迅速な仕事」が第一**です。たとえば、電話などでは、言葉の数を減らしたり、縮めたりする「スッキリ敬語」が基本です。丁寧さを重視するあまりに時間がかかってしまっては、むしろマナー違反になります。

つまり、マナーとは、状況によって変わるものなのです。何がマナーかを決めるのは、自分ではなく相手です。「相手の気持ち・求めていることを想像すること」が何より重要です。

とにかく厳しい目で「相手の求めていることは何だろう」と考えてみてください。

マナーは状況によって変わるもの

相手が求めている対応を
常にできるようにする

Basic works of Business Etiquette

6

無意識にやりがちな「相手の時間を奪う」という非常識

!

引き受けた仕事を
オーダー通りに仕上げる大切さ

良かれと手を加えた資料に、修正の二度手間発生

ビジネスで大事なことのひとつとして、「相手の時間を奪わないこと」があります。上司や取引先、お客様は忙しいなか、自分に時間を「費やしてくれている」ので、いかに相手に面倒をかけないか、時間を取らせないかが重要なのです。

人に迷惑をかけようと思って仕事をする人はいないでしょう。しかし、**「結果的に」相手の時間を奪ってしまうケースは多々あります。**

たとえば、頼まれていた仕事を「こうしたほうが良いのでは」と、自分の判断で方向を変えてしまったことはありませんか。他にも、プレゼン資料の作成で、不必要に装飾に凝ってしまい、よけいに時間をかけてしまう、ということもよくあります。

その結果、仕事を頼んでいた上司や取引先は、「かえって修正や予定の調整に時間がかかってしまった」となってしまいます。

これが、「相手の時間を奪う」ということです。

この場合は、事前に上司や取引先に、「このようにしてみようと思うのですが、いかがでしょうか」などと確認をするべきでした。後の項目で詳しく触れますが、こうした相談をまめにすることも、ビジネスではとても大切なことです。

また、頼まれていた期日通りに仕上げる、クオリティを上げる、ということも実は相手の時間を節約するためにとても大事なことです。

「それくらい当然のことでは」と思われるかもしれませんが、**きちんと締切に間に合い、こちらの頼んだ通りのものを出してくれるだけで、仕事はスムーズに進む**のです。相手もそれを何よりも望んでいるものです。

締切を過ぎてしまったり、質が低かったりすると、その調整にまた時間をかけることになります。

まずは何より、求められたことをその通りにこなすことを心がけましょう。それが仕事をする上で何よりのマナーです。

そうした積み重ねがやがて信頼になり、「彼（彼女）になら仕事を全部任せられる」

と思われるようになるのです。

その後はさらに一歩進んで、プラスアルファで何ができるかを考えてみましょう。締切を数日前倒しにして提出したり、内容のさらなるグレードアップを図ったり、といったことを意識してみてください。**相手の「予想外！」を上手く引き出せると、それがさらに評価されることにつながります。**

「何をしたら相手の時間短縮につながるのか」を常に考え、指示される前に、一歩先を考えて相手の求めるものを提示することを意識して行動してみてください。

Basic works of Business Etiquette

7

まず身につけるべきは「気持ち良く動いてもらう」伝え方

!

説得しようとするほど、
人は動かないもの

「なんとかお願いします」では納得しない

「納品してもらった仕事に、急にやり直しが必要になった」

「低予算で仕事をお願いしなければならない」

など、言いづらいこと、頼みづらいことがときに出てくるものです。

そんなとき、

「どうすれば説得できるか」

「どうすればやってもらえるか」

と、相手を動かす方法ばかりに意識が向かいがちです。


しかし、「動かそう」とするほど、人は動いてくれなくなってしまうものです。

「説得する」のではなく、「納得してもらう」。「動かす」のではなく、「自分から動いてもらう」。しかも、気持ち良く、です。


それにはまず、信頼関係を築くことが重要です。

前述のような「約束以上の物を提供すること」「手間や時間をかけること」などがあって、信頼関係が成り立つのです。

「正直大変だけれど、○○さんのためならなんとかしよう」と思ってもらいたいものです。それは、普段の仕事ぶりやコミュニケーションで、いかに信用を積み重ねていたかにかかっています。

心に響く伝え方のポイント

そして、伝える際に大切なのは、相手を気遣う心です。相手を思う気持ちや誠意があって初めて、相手の心も動きます。

丁寧な言葉遣いをすることはもちろんのこと、「伝え方」も大きなポイントです。伝え方のスキルは、一度身につけてしまえば、とても心強い武器になります。

① 声を磨く

よく通る声は相手にちゃんと届き、そして心にも響きます。腹式呼吸を意識して、多めに息を吸い、お腹から声を出すイメージで。

②　結論から話す

重要なことから先に述べ、根拠や情報・データは次に話します。いつまでも結論がわからないと相手はイライラ。

③　話の地図を見せる

接続詞が有効です。だらだらと話すのではなく、「次に」「その理由は」「まず申し上げたいのは」と初めにつけることで、次はどこに行くのかがわかり、安心感につながります。

④　事実と自分の意見は明確に

たとえば「以上が現在の状況です。これにより私は○○と考えます」とするとわかりやすいですね。そして、自分の言葉に責任をもちましょう。

⑤　相手に合った話し方で

相手の立場・年齢・職業などを考慮し、イメージしやすい事例や言葉を選ぶことも大切。お願いをするときは、クッション言葉を挟むことで、冷たい印象になってしまうのを避けましょう（72ページ参照）。

⑥　断定的な話し方は避ける

どんなに素晴らしい意見も、断定的な話し方では相手は拒否反応を示します。「正論を言うときほど謙虚に」という言葉があります。どんなに自信があることでも、「正しいことを伝える」のではなく、「伝えるべきことを正しく伝える」ことを心がけて。

⑦　アイコンタクト

自分の熱意が伝わり、信頼の証でもあります。相手が数名だったら、全員にアイコンタクトをします。微笑みながら、ときには真剣に。

言いづらいことや頼みづらいことでも、自分の意見をきちんと伝えることで、誠意や熱意が伝わり、仕事はスムーズに回っていくようになります。伝え方次第で、相手のとらえ方やその後の行動も、大きく変わってきます。

相手に心から納得し、気持ち良く動いてもらうために、誰に伝えるときでも、まずはこの７つのポイントを意識するようにしてみましょう。

Basic works of Business Etiquette

8

挨拶は先手必勝。「されたら返す」ではダメ

!

挨拶は人間関係の基本

元気な「おはようございます」がもたらす効果

日常で何気なく使っている挨拶の言葉ですが、その意味を考えたことはあるでしょうか。言葉の意味や背景を知ることで、より心のこもった挨拶をすることができます。『広辞苑』によると、「おはよう」の語源は、「お早く（おはやく）……」が転じて、「おはよう」になったとのこと。歌舞伎界の裏方さんが、早く楽屋入りしている役者さんにかけた「お早いお着きでございます」が由来との説もあります。

「こんにちは（今日は）」、「こんばんは（今晩は）」も、その後に続くべき「ご機嫌いかがですか？」の部分が省略された言葉です。

「さようなら」は「左様ならば」の略で、「それならば私はこれで失礼いたします」の意味とのこと。

現代の挨拶の言葉は、いずれも後半が省略されたものですが、**相手の警戒感を解きほぐし、相手の存在を認めること**から始まったことがうかがえます。

自分の存在を認められたい、という「承認欲求」は人間誰しもがもっています。ここからも、挨拶は人間関係の基本だということがわかりますね。

「おはようございます！」と元気に声をかけた相手が、挨拶を返してくれなかったり、小さく暗い声で返されたら、どのような印象を抱くでしょうか。

「暗い」「怖い」「近寄りがたい」といったネガティブな印象を持ったり、「もしかして自分のことを嫌っているのでは……」と不安に思ったりしてしまいますよね。

反対に、相手から「○○さん、お疲れ様です！　昨日はありがとうございました」と爽やかに挨拶をしてくれたらどうでしょうか。とても気持ちが良く、好意的な印象を持つと思います。

たったひと言の挨拶に、実はこれほどの効果があるのです。

名前を呼ぶことで承認欲求に訴える

「挨拶をされたら返す」というように、挨拶に意識を向けないのは大変もったいないことです。挨拶ひとつで、周りの印象が大きく変わってしまいます。

好感を持たれる挨拶のポイントを大きく3つにまとめました。ぜひ意識してみてください。

好感を持たれる挨拶のポイント

①自分から先に声をかける

②目を見て・笑顔で・大きな声で

③ひと言添える

先に挨拶するだけで一気に好印象に

① 自分から先に挨拶する

たとえば出勤途中や社内の通路で上司と会ったときなど、必ず自分から声をかけるよう習慣をつけることです。相手に声をかけられて返すようでは、非積極的な印象が否めません。

また、会社の外で上司や同僚とすれ違ったとき、気づかずにやり過ごしてしまう人もいます。**自分から挨拶をするということは、常に気を張って、いつでもどこでも仕事モードでいるということ**です。「職場以外では無愛想」と思われてしまわないように、気をつけてください。

② 相手の目を見て笑顔で大きな声で

笑顔でアイコンタクトをしながら挨拶をすれば、自然と言葉に心がこもります。「おはようございます」「お疲れ様です」と元気に爽やかに伝えましょう。

また、出社したときには、できるだけ多くの人に聞こえるように、大きな声で伝えることを心がけます。**一日の始まりに、「元気」を持って社内に入ってくる人は、それだけでも一気に好印象につながります。**

③ ひと言添える

たとえば「今日はいい天気ですね」「雨が上がるといいですね」など、何気ないひと言を伝えます。**できるだけポジティブな言葉がベターです。**

話題が思いつかなければ、「○○さん、お疲れ様です」と相手の名前を呼びましょう。名前を呼ぶことにも、相手の承認欲求に訴える効果があります。「私に挨拶をしてくれた」と親近感を覚えるのです。

こうしたひと言があるだけで、相手が受ける印象はまったく変わります。

たかが挨拶、されど挨拶。

見過ごされがちですが、とても大切なことです。ぜひ今日からこの3つを意識して、率先して挨拶するようにしてみてください。

Basic works of Business Etiquette

9

一流の人はみな姿勢が違う

!

壁にぴったりと背をつけたときの
姿勢をキープ

スッと伸びた背筋に信頼感が宿る

普段、自分が立っている姿、座っている姿を意識したことはありますか。**姿勢は第一印象の大きな割合を占め、姿勢には心が表れます。**

良い姿勢は、女性であれば美しく包容力があるように、男性であれば、スーツラインも引き立ち、かっこ良く見えます。それは、「良い仕事をしてくれる」という信頼にもつながります。

実際に、私が仕事で関わってきた多くの優秀な方々は、例外なくスッと背筋が伸びたきれいな姿勢をされていました。そして、それは**大勢のなかでもひときわ輝いて見える**のです。研修で受講者が100人近い場合や座っているときでも、非常に目立ち、グループワークではリーダー的な役割をすることが多いと感じます。

「内面で勝負する」と思っている方こそ、ぜひまずは姿勢にこだわってほしいのです。

ここで美しい姿勢を作る方法をお伝えします。

まず、自己チェックです。壁を背にして真っ直ぐ立ちます。かかと・おしり・背中・肩甲骨・後頭部を壁につけ、腰と壁の間には手の平が入るくらいがちょうどいいと言われています。

そのときに感じると思いますが、**美しい姿勢とは、ただ背筋を伸ばしたり、胸を張るだけではなく、「骨で立つ」こと**なのです。顎を引くとは背骨に頭を乗せること。背筋を伸ばすということは骨盤を意識することです。

そして、これを持続させるためには、ある程度の筋力も必要です。私は、もう20年以上、毎晩30分程度ストレッチと軽い筋トレをしています。一日5時間の研修で美しい姿勢を続けるためには不可欠なことなのです。

現代では、長時間のパソコンやスマートフォンの使用でストレートネックが問題になっています。また、重い荷物を持つことで姿勢が崩れることも多いようです。姿勢の悪さは、印象だけではなく、首・肩・腰などの不調や呼吸にも影響するそうです。万全な身体で仕事に取り組むためにも、ぜひ姿勢を見直してください。

姿勢が丸くなりがちな人は要注意!

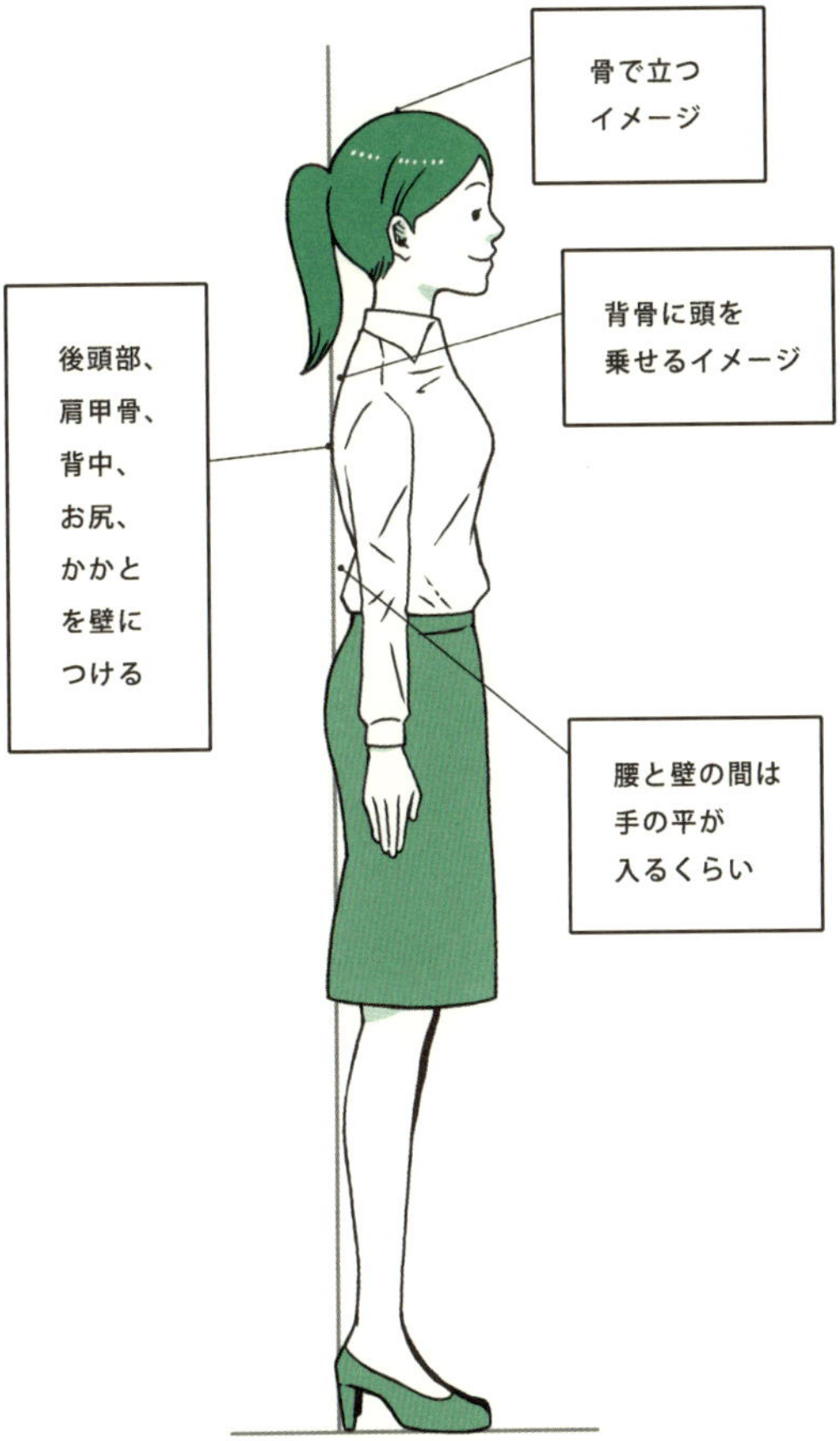

壁を背にして立てば、姿勢の癖に気づける!

Basic works of Business Etiquette

10

雑談で場を温めるのも実は重要なビジネスマナー

!

初対面の不安も
雑談が和らげてくれる

商談でいきなり本題に入っていませんか

取引先の方やお客様と商談をするときに、本題以外に何の話をすればいいかわからない、と悩んだことはありませんか。「そもそも仕事の場で雑談をする意味があるのか」と疑問を持つ人もいるかもしれません。

たしかに、相手が急いでいる雰囲気も察せずに、長話をしてしまうのはマナー違反です。しかし、意外に思われるかもしれませんが、多くの場面で仕事に関係のない雑談ができるかどうかは、実はとても重要なビジネスマナーなのです。

たとえば初対面で、

「本日はお忙しいところ、誠にありがとうございます。さて、○○の件についてですが……」

と挨拶もそこそこに、すぐに仕事の話に入ってしまったらいかがでしょうか。お互いがどんな人かまったくつかめず、相手も不安になってしまうと思います。

仕事とは直接関係のない雑談をすると、徐々に話し方や雰囲気などがわかってきます。信頼関係は、こうしたところが下地になって、積み重なっていくものです。

初めて取引先の会社の訪問した際には、

「きれいなオフィスですね。眺めも最高です」

「近くに美味しそうなお店がたくさんあってうらやましいです」

などと、オフィスや街並みの感想をひと言伝えてみましょう。

「そうなんですよ。実は先日ドラマの撮影があって……」

と会話が盛り上がれば、**お互いの緊張もほぐれて、場が温まります**。こうした話をすることで、「この人はこんなところに気がつく人なんだ」といったように、だんだんと自分の人柄を相手にわかってもらえるようになります。

また、**一方的に話さずに、相手にもたくさん話してもらうことも重要**です。相手の話に耳を傾けることは、敬意を示すということです。

話を聞くときは、「そうだったんですか。それは素晴らしいですね」などのような、あいづちと共感の言葉を伝えることで、「きちんと聞いている」という姿勢が見えて、好感を持たれます。

すぐに使える雑談の話題「たのしくはなすこつ」

た	食べもの・旅	オフィス周辺のグルメ情報や旅行の話題
の	乗りもの	通勤経路の話題は意外と盛り上がる
し	趣味	好きなことや休日の過ごし方など。ただしプライベートに踏み込みすぎないよう注意
く	くに	出身地の話題。旅行の話とつながって盛り上がることも
は	はやり	トレンドや最新情報。上手く仕事の話題とつなげられるとGOOD
な	長生き	健康に関する話題
す	スポーツ	好きな競技や学生時代の部活の話題など
こ	子ども	子どもや家族の話題を好む人は多い。ただし、プライベートの話題なので初めは慎重に
つ	通信	直近のニュースの話題。ただし、政治や宗教の話は避ける

どんな相手とも雑談ができるように
話題をたくさんストックしておこう

さらに、常に「3つの質問を考える」ことも大事です。**できるだけ「はい」「いいえ」で答えられる質問（クローズド・クエスチョン）ではなく、自由に話してもらえる質問（オープン・クエスチョン）がお勧めです。**

たとえば、出身地の話になったとしたら、

「○○県のご出身なんですね。ずっと旅行に行ってみたいと思っていたのですが、お勧めの場所を教えていただけますか？」

といった質問ができると、また会話が広がっていきます。

まずは「いい天気ですね」から始めてみる

「自分にはコミュニケーションスキルがないから、雑談で話を盛り上げることなんて無理！」

こんなふうに考える必要はまったくありません。決して特別なコミュニケーションの才能は必要なく、いくつか定番の話題をおさえれば、あとは相手の答えに質問をしていくと、自然に会話は盛り上がります。

初めのうちは「困ったときは天気の話題」と決めてしまってもいいでしょう。

ページに定番の話題を載せましたので、参考にしてみてください。

また、道を歩く際に、注目すべき「興味」を決めて歩いてみると、自然と雑談の種になるものが見えてくるものです。「この辺りは緑が多い」「公園がたくさんある」といった、ささいなことでかまいません。なるべく具体的に伝えることができると、さらに話題が広がりやすいですね。

こうした何気ない「気づき」は普段から習慣づけておくようにしましょう。**ニュースを見たり、街を歩くときに、「なぜ・どうして」といった好奇心や、「きれい・おもしろい」といった感動を大事にする**ことです。

たとえ仕事に直接関係のないことでも、雑談の話題になるばかりでなく、感性が磨かれていきます。より広い視野で物事を見ることができる人は魅力的です。それは仕事をする際にも必ず生きてくるでしょう。

Basic works of Business Etiquette

11

敬語の使い方があやふやだったら、今すぐチェック！

!

尊敬語と謙譲語の使い分けを
完璧にマスターする

「上司がおっしゃった」…常識を疑われる！

敬語と聞くと、どのような印象を持ちますか？

「とりあえず『です・ます』をつけておけば大丈夫！」

「正直正しい敬語が使えているのか自信がない……」

いろいろな答えがあると思います。ビジネスで敬語は必須のスキルですが、そもそも敬語とは何のためにあるのでしょうか。

敬語には、お互いの立場を明確にし、敬意を表現する、という意味があります。**敬語のおかげで、私たちは初対面の方や目上の方が相手でも、敬意を表して円滑なコミュニケーションを取ることができます。**敬語は非常に便利で大切なツールなのです。

場に応じて敬語をきちんと使いこなせる人は、落ち着いた品の良さが伺えるばかりでなく、仕事への信頼感も増します。反対に、間違った敬語を使っていると、どこか幼い印象を与え、仕事の内容や人柄も疑われてしまいます。

と言っても、必要以上に難しく考える必要はありません。一番間違いやすい尊敬語と謙譲語の使い分けさえ覚えて実践していけば、誰でもすぐに上達します。

では、その尊敬語と謙譲語の使い分けについて説明します。普段から仕事で敬語を話している、という人でも、意外と基本の部分が抜けていたりします。おさらいのつもりで、もう一度基礎を見直してみてください。

たとえば、「言う」は尊敬語で「おっしゃる」、謙譲語では「申す」と使い分ける必要があるのですが、「自分のことを言うときはどっちだっけ……」と迷ってしまいがちです。また、とくに間違えやすいのが、自分の上司のことを伝えるときです。

「上司の○○が以前おっしゃっていましたが……」

というようなミスが起こりがちです。自分や社内の人間のことを社外の人に言うときは謙譲語、社外の人のことを言うときには尊敬語です。ですから「上司の○○が申しておりましたが……」が正解です。

使い分けのポイントは、「誰がその動作をしているか」です。「言った」のが自分や社内の人間の場合は「申した」、社外の人や目上の人であれば「おっしゃった」です。左のページに使い分けの表を載せました。

いずれもビジネスで頻出の言葉なので、意識的に使って覚え、自然と出てくるようにしてください。そのほか、頻出用語の言い換え表現も併記しました。

絶対おさえておきたい言い換えの言葉

■尊敬語・謙譲語言い換え表

動詞	尊敬語	謙譲語
する	なさる／される	いたす
見る	ご覧になる／見られる	拝見する
聞く	お聞きになる／聞かれる	拝聴する
行く	いらっしゃる／行かれる	伺う／参る
来る	いらっしゃる／お越しになる／おみえになる／みえる／来られる	参る
いる	いらっしゃる	おる
食べる	召し上がる	いただく
会う	お会いになる／会われる	お目にかかる
言う	おっしゃる／言われる	申し上げる／申す

■ビジネス用語言い換え表

単語	ビジネス用語	単語	ビジネス用語
ちょっと	少々	すごく	非常に
とても	大変	本当に	まことに
さっき	先ほど	じゃあ	それでは／では
すぐに	さっそく	いま	ただいま
もうすぐ	まもなく	今度	この度／次回
あとで	後ほど	この間	先日
前に	以前	どのくらい	いかほど

意識的に使って覚えて、普段の会話で自然に使えるようにしておこう

Basic works of Business Etiquette

12

「恐れ入りますが」「よろしければ」のひと言を挟めるかどうか

!

言いづらいことを伝えるときや
お願いをするときに

クッション言葉の想像以上の威力

普段何気なく使っている言葉でも、仕事の場では不適切だったり、相手から快く思われない表現があります。

たとえば、**「私的には」や「こちら○○になります」といった表現は、いわゆる若者言葉と呼ばれ、ビジネスの場で使ってしまうと、幼い印象につながってしまいます。**

また、他にも丁寧に言っているつもりの言葉でも、実は不適切な言葉だった、ということもよくあります。

たとえば、「○○様でよろしかったでしょうか」という表現を使ってしまったことはありませんか？　確認をするときなどに、ついつい言ってしまいがちです。しかし、現在のことを聞いている際に、「よろしかった」と過去形にしてしまうのは誤りなので、気をつけてください。「○○様でよろしいでしょうか」が正しい表現です。75ページに言ってしまいがちな間違いの表現をまとめましたので、参考にしてください。

また、言いにくいことを伝える際や、お願いをするときなどに使う「クッション言

覚えておきたいクッション言葉

お願いをするとき

- お手数をおかけいたしますが
- ご迷惑（ご面倒）をおかけいたしますが
- 恐れ入りますが
- もしよろしければ
- さしつかえなければ
- できましたら
- 失礼ですが

お断りをするとき

- 大変申し訳ございませんが
- あいにくですが
- ご要望に添えず大変残念ですが

葉」もとても大切です。

クッション言葉とは、伝える内容の前に挟んで直接的な表現を避け、丁寧で優しい印象を与える言葉です。たとえば、

「それはできません」

とそのまま伝えてしまうと、とても冷たく突き放されたような印象になってしまいます。

「大変申し訳ございませんが……」

とクッション言葉を挟むと、柔らかい表現になります。

クッション言葉は、相手が受け取りやすいようにする表現です。上に主なものをまとめましたので、ぜひ活用できるようにしてください。

言ってしまいがちな間違い表現

	不適切な言葉遣い	正しい言葉遣い
1	どのような ご用件ですか?	ご用件をお聞かせ いただけますでしょうか?
2	どなたですか?	お名前をお聞かせ いただけますでしょうか?
3	山田様でよろしかったでしょうか?	山田様でよろしいでしょうか?
4	佐藤さんはおられますか?	佐藤様はいらっしゃいますか?
5	鈴木課長は、今、席にいません	課長の鈴木はただいま席を 外しております
6	どうぞお茶のほうを お召し上がりください	どうぞお茶をお召し上がりください
7	わかりましたか? (こちらから説明後の確認)	ご不明点な点はございませんか?
8	○○様のお話は大変参考に なりました	○○様のお話は大変勉強に なりました
9	後でご連絡するようお伝えしておき ます(課長に対し折り返し電話の依頼を受けて)	のちほどご連絡を するよう申し伝えます
10	(訪問先に)ご一緒させて いただけますか?	お供させていただけますか?
11	ご苦労様です	お疲れ様です／ お疲れ様でございます
12	○○がよくわからないのですが	○○についてもう少し詳しく 教えていただけますか
13	前に聞いたことと違います	私の記憶違いかもしれませんが

Basic works of Business Etiquette

13

シャツのしわ、靴の汚れでやる気をはかられる

!

「中身で勝負」と思っている人こそ
外見に意識を

身だしなみは、見る人のためにある

身だしなみや持ち物にきちんと気を遣っていますか？　人は外見や話し方で印象の大部分を決めてしまうそうです。

どんなに仕事ができる人でも、スーツやワイシャツにしわがあったり汚れていたり、派手な色や過剰なアクセサリーをつけていたりしたら、

「本当に仕事を任せても大丈夫だろうか……」

と不安になります。

「どんな格好をしていても、大切なのは中身！」

という声もありますが、現実には見た目で中身まで判断されてしまうのです。

そこで、まず意識してほしいのが、**「おしゃれは自分のため、身だしなみは相手のため」**ということです。自分本位ではなく、職場や取引先の人にどのような印象を与えるかを考えてください。

身だしなみのポイントは、「清潔感」「機能性」「調和」です。

男性であれば、しわや汚れのないスーツ、アイロンをかけたワイシャツが基本です。

スーツは紺かグレーでシックな印象のものを。派手なストライプは、相手に圧迫感を与えるので避けたほうが無難です。女性は、派手なものやカジュアルすぎる服装は避けましょう。

名刺入れ、靴…小物にこそ気を配る

身だしなみは服装や髪型だけではありません。鞄や名刺入れ、靴、時計といった小物類も、非常に重要なポイントです。

小物はついつい軽視し、適当に選んでしまいがちです。服装に比べ相手に見える機会が少ないからと、安価なものを選んだり、自分の好みを反映しすぎたものにしてしまっていませんか。

とくに靴はお辞儀をしたときに目線が靴の辺りにいくため、常に手入れをしておくことをお勧めします。

小物の多くは、ふとしたときに相手の目に触れるものです。そのときに、**ビジネスマナーに則った、センスの良いものを持っていると、「この人は細かいところまで目**

が行き届いている」「仕事への真剣さを感じる」という印象になります。

いいかげんな物を使っていると、「仕事にお金をかけていない人」「仕事への意識が低く、積極性がない人」と思われ、印象はマイナスになります。「身だしなみに気を遣えない人は仕事にも気を遣えない」と思われてしまうのです。

もちろん、高価なブランド品を、と言っているわけではありません。丈夫で長持ちし、品の良さを伺わせるものであればＯＫです。

次にそれぞれのアイテムを選ぶ際のポイントを挙げました。参考にしてみてください。身だしなみは、それぞれの会社や職場で特性がありますが、まずは基本から。

【名刺入れ】

男性は茶色か黒の革製がベスト。金属製やプラスチック製は安っぽく見えてしまうため、避けたほうが無難。女性も派手すぎない色で革製のものを。まれに、リボンがついたものなどがあるが、子どもっぽく、もらった名刺を乗せにくいのでやめる。

【鞄】

機能性を重視し、A4サイズが入るものを。色は黒かダークグレーが無難。角の擦れや型崩れに注意。


【時計】

ブランド品などで特別高価なものは避ける。シックなアナログ時計がベター。ベルトは金属でも革でも問題なし。なお、携帯電話やスマートフォンで時間を確認するのはNG。


【靴】

男性の場合は、こげ茶か黒の革靴。2~3足でローテーションさせるようにすると長持ちする。毎日磨き、メンテナンスを怠らないように。女性はヒールが削れているのはNG。また、スニーカーや平たい靴は避ける。

【髪】
とくに髪の長い女性は、お辞儀をしたときに顔にかぶらない程度にまとめておく。

【メイク】
ナチュラルメイクを心がける。マニキュアはシンプルなほうが上品な印象に。

次のページに、身だしなみの基本のチェック項目を載せました。会社の規定のよって、異なる部分もあると思いますので、その場合はそちらに従ってください。

どれも社会人としておさえておきたいポイントなので、明日から出社の前に、ぜひチェックしてみてください。

スーツ	16	ポケットは膨らんでいないか
	17	ほつれ・破れ・汚れがないか
	18	胸元が開き過ぎていないか
靴・靴下	19	よく磨いているか
	20	色・形はスーツに合っているか （基本は黒でシンプルなもの）
	21	手入れがされているか （ヒールの減り、つま先の擦れ）
	22	ソックス・ストッキングに 伝線やたるみはないか
	23	♣靴下はスーツの色に合っているか （黒、紺、グレー）スポーツソックスはNG
	24	♥ヒールは適当な高さか（4〜7㎝程度まで）
	25	♥ストッキングは肌の色に近い自然色か （冬場は黒タイツも可）
その他	26	口臭に気をつけ、香水などは最低限にしているか
	27	アクセサリーはシンプルなものか
	28	腕時計はシンプルなものか 派手なものやキャラクター製品はNG
	29	ビジネスバッグは適切なものか （派手になっていないか・大きさは適切か・立てて置けるか）
	30	トータルにコーディネートされているか

♣は男性のみ　♥は女性のみ

身だしなみチェックシート（基本）

髪・メイク	1	清潔にし、手入れしているか
	2	前髪で目線をさえぎっていないか
	3	髪の色は自然色になっているか
	4	♣ヒゲの剃り残しはないか
	5	♣もみ上げ・ツーブロックはNG
	6	♥長い髪はまとめているか（肩にかかるくらいから）
	7	♥髪留めは派手になっていないか（長い髪をまとめるものやピン等）
	8	♥メイクはナチュラルか
手	9	清潔にし、手入れしているか
	10	爪は短く切りそろえているか（手の平側から指先を見て、爪が出ていないように）
	11	♥マニキュアは薄いピンクかベージュ。爪は磨く
スーツ	12	体に合っているか
	13	黒、紺、チャコールグレーが基本
	14	スーツにしわはないか
	15	ブラウス・ワイシャツにしわはないか。白が基本

Basic works of Business Etiquette

14

迷ったら、常に自分を「下座」に置く

!

応接室で、酒席で、エレベーターで…
席次のマナー

上座は奥。出入り口付近にいれば間違いない

この項目では、席次マナー、お客様の案内の仕方、お茶の出し方や出されたときのマナーを説明します。少々細かいこともありますが、ポイントをおさえてしまえば決して難しいものではありません。しっかりと覚えてしまいましょう。

まずは、お客様をご案内するときに気をつけたいポイントを説明します。

お客様をご案内する人は、いわば「会社の顔」です。「とりあえず取り次ぎさえできれば」と思わずに、責任をもって丁寧に、笑顔で接するようにしましょう。

お客様が自社にいらしたとき、必ず確認すべきことは「相手の会社名・氏名」「面会相手」「アポイントの有無・時刻」の3点です（自分が他社へ訪問する際、初めに必ず伝えるのもこの3点です）。多くの場合は相手から伝えてくれると思いますが、不足があった場合は、

「恐れ入りますが、会社名とお名前をお伺いできますでしょうか」

などと聞くようにしましょう。担当者に取り次いだ後、応接室などへご案内すると

上座と下座の位置を覚えておく

■席次 ※番号順に目上の方から

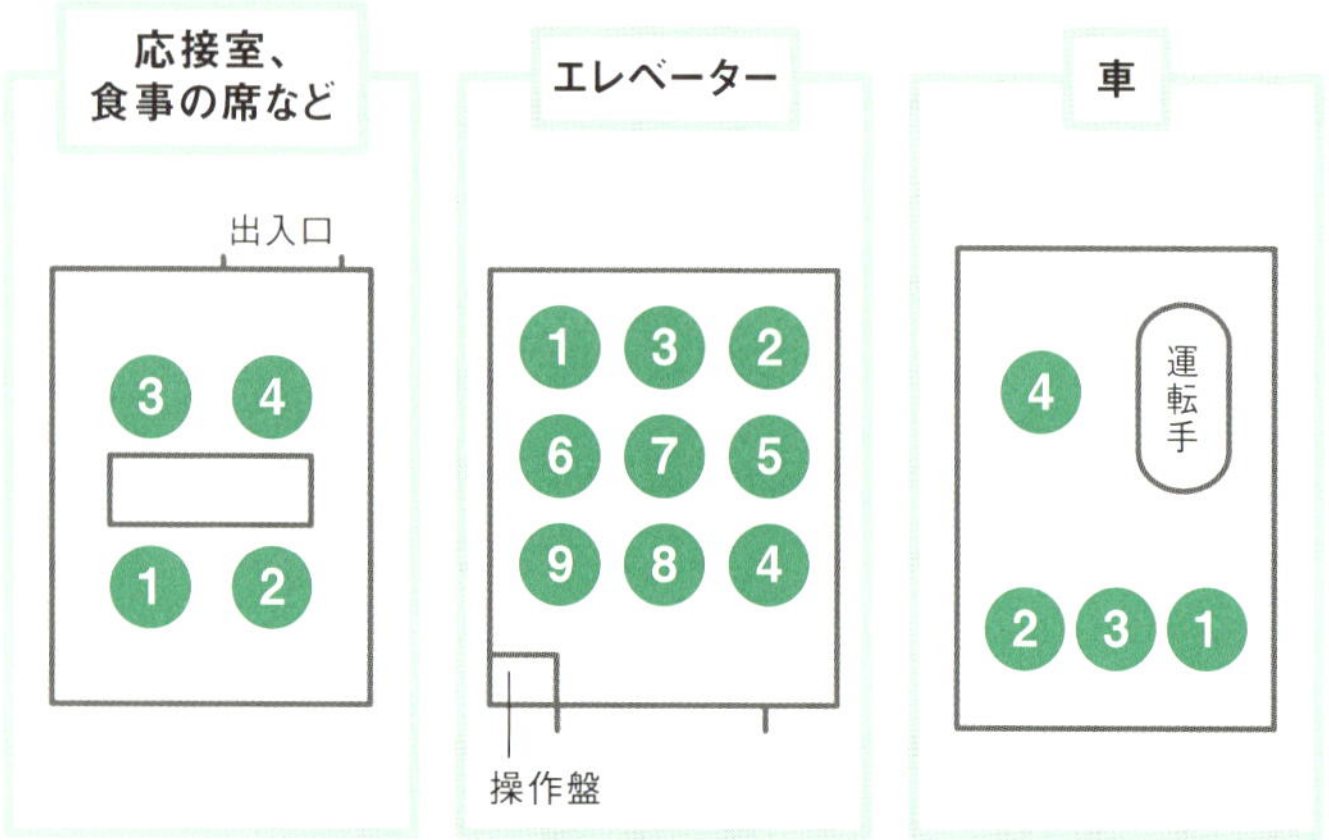

きは、相手の斜め前を1～2歩先に進みます。ドアの開け閉めは、引くタイプの場合はお客様を先に中にお通しし、押すタイプは自分が中に入りながらご案内しましょう。

次に席次マナーについて説明します。

席次は、上の図のように、実に細かく順番が決まっています。これを数字のまま記憶していると、

「えーと、部長はどこに座ってもらって、課長は……」

「この店の場合は、上座はどっち側だろう……」

などと戸惑ってしまうことになります。

食事や酒席などでは**「一番目上の方が一番出口から離れた席」「自分は一番入り口に近い席」というのが基本**です。「和室では床の間の前が上座」「長いテーブル席を囲む場合は真ん中が上座」ということも忘れてはいけません。

エレベーターの場合も同様です。目上の人やお客様を奥にご案内し、自分は入り口近くの操作盤の前に立ちます。エレベーターが小型の場合は、ドアを押さえながら奥に進んでいただくようご案内し、自分は最後にエレベーターに乗る点に注意しましょう。

広いスペースがある大型の場合は、先に操作盤の前に進み、開ボタンを押しながら案内しましょう。

また、エレベーターで降りるお客様をお見送りする場合は、ドアが閉まるまでお辞儀を保つようにすると、好印象です。

車の場合は、目上の人が運転席の真後ろに座ります。これは一番安全性が高いと言われる席に目上の人に座っていただくためです。和服の方や足が不自由な方がいる場合は、席の希望を伺い、自分は助手席など、サポートできる場所に座りましょう。

お茶を出すとき、いただくときのマナー

最後に「お茶」について解説します。

自分が客側としてお茶を出してもらった場合、飲むのがマナーなのか、手をつけないほうがいいのか戸惑う、という声をよく聞きます。

せっかく出していただいたお茶ですので、全部飲んでほしいですが、**最低でも半分くらいは飲むようにしましょう。**お茶をすべて飲み干すのは、片づけがラクになるように、との気配りでもあります。

口をつけるタイミングは「どうぞ」と勧められてから、あるいは相手が口をつけてからです。「いただきます」「頂戴いたします」とひと言添えることも忘れずに。もし、話に夢中になってほとんど残ってしまった場合は、席を立つ前に「せっかくですのでいただきます」と言って飲むようにしましょう。

ペットボトルでいただいた場合は、最後に持って帰るようにしましょう。

そして、**面会の最後に、「お茶をごちそうさまでした」とひと言添えると好印象です。大切なのは「感謝の気持ち」です。**

ちょっとした動作にも、マナーが問われる

■ 案内をするとき

確認事項

・会社名、氏名
・面会相手
・アポの有無
・アポの時刻

引くタイプのドア

先に相手に
入ってもらう

押すタイプのドア

押しながら先に
自分が入る

■ お茶

出してもらった場合

相手が口をつけるか
勧められたら飲む

出す場合

上座の人から順に。
右手側から出す

**基本の動作を覚えておけば、
とっさの場面にも対応できる**

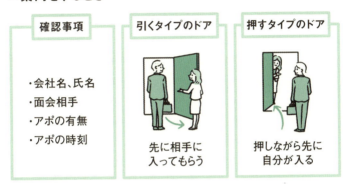

お客様にお茶を出す際は、必ず上座の人からです。席次の際に説明した通り、出入り口からもっとも遠い方からお出ししましょう。

お茶は必ずトレイに乗せて運び、基本的にはお客様の右手側から出します。その際、テーブルに置かれた資料等に気をつけ、会話の邪魔をしないよう注意する気配りも大切です。

第3章

仕事がスムーズに回る！社外の人へのマナー

The basic works of Business Etiquette

Basic works of Business Etiquette

15

名刺交換で第一印象が9割決まる

!

渡し方や表情、言葉遣いから
一瞬で人となりを判断される

しっかり相手の目を見ながらが重要

名刺交換で初対面の人からの印象がまず決まります。名刺交換のわずかな時間の、渡し方や表情、言葉遣いなどから「爽やかで親しみやすい雰囲気の人」「目を合わせてくれない、親しみづらい人」などの印象が相手に伝わってしまいます。**名刺交換で良い印象を抱いてもらえると、それだけで後の仕事がスムーズに進みやすくなります。**名刺交換は仕事をする上で欠かせないことですので、できるだけ好印象を抱いてもらえるよう、ポイントをしっかりとおさえてください。

交換は目下側、もしくは訪問した側から順番に行うのが基本です。また、上司と同席している場合は、上司の後に名刺交換をします。

まずは、きちんと相手の目を見ながら、

「○○社の△△と申します。よろしくお願いいたします」

と伝えながら名刺を差し出します。相手が出した名刺は、「頂戴いたします」と言いながらきちんと両手で受け取るようにしましょう。近年は同時交換がほとんどで、その場合は片手で持ちます。

このとき、「相手が出した名刺よりも自分の名刺は低い位置で渡す」のがセオリーだと言われています。もちろん、自然にできればそれに越したことはありません。しかし、受け取る際に「相手よりも低い位置で」を意識しすぎると、不自然な動きになってしまいます。あくまでも基本として心がけるようにしましょう。そのほかの注意点は以下のふたつです。

・テーブル越しの名刺交換はＮＧ。もし移動が難しい場合は「こちらから失礼いたします」とひと言添えて

・ポケットや財布から直接出さない

頂戴した名刺をどう置くか

交換が済んだ後は、名刺をしっかり確認し、相手の目を見ながら、「○○様ですね。よろしくお願いいたします」と相手の名前を呼ぶようにしましょう。

ここだけは気をつけたい名刺交換のポイント

①名刺を名刺入れの上に乗せて、
相手の目を見ながら挨拶

②左手で名刺入れを持ちながら、
右手で名刺を渡す

③名刺授受は、
お互いの名刺入れの上に乗せて行う。
「頂戴いたします」とひと言添える

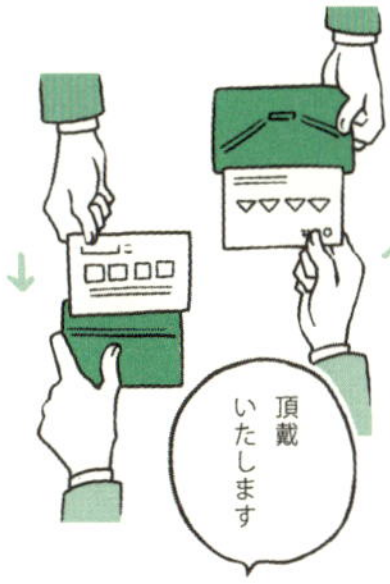

④いただいた名刺を両手で持ち、
名前を読み上げて挨拶

第一印象は見た目と声の印象が9割以上！

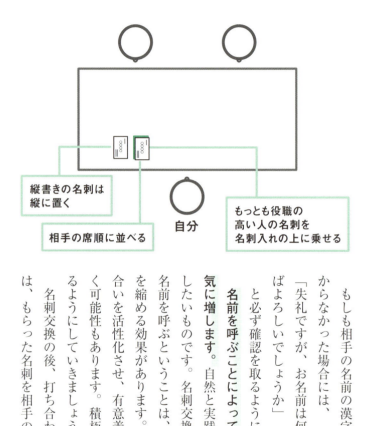

もらった名刺は大切に机の上に

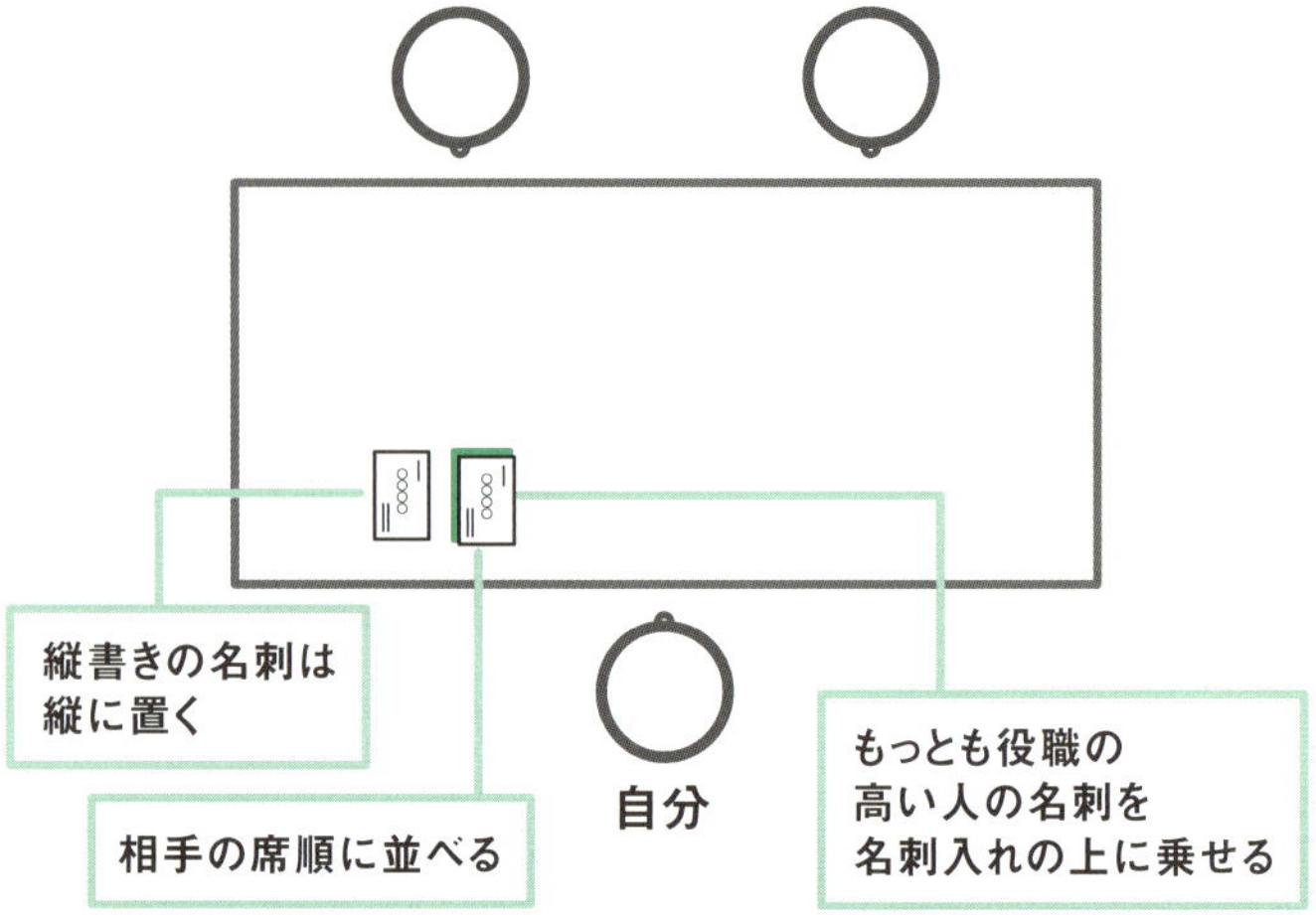

もしも相手の名前の漢字の読み方がわからなかった場合には、

「失礼ですが、お名前は何とお読みすればよろしいでしょうか」

と必ず確認を取るようにします。

名前を呼ぶことによって、親密性が一気に増します。自然と実践できるようにしたいものです。名刺交換の場に限らず、名前を呼ぶということは、相手との距離を縮める効果があります。そして、話し合いを活性化させ、有意義な展開へと導く可能性もあります。積極的に呼びかけるようにしていきましょう。

名刺交換の後、打ち合わせに入る場合は、もらった名刺を相手の席順に並べます。名刺入れの上にはもっとも役職の高い人の名刺を置きましょう。縦書きの名刺の場合は、名刺入れも縦にして置くと好印象です。また、複数枚交換したときは席順に並べると名前が確認しやすいです。

名刺交換のときにその人の性格がわかります。さっさと済ませてしまう人は、打合せに入る前の雑談は手短にして、すぐに本題に入ることを望んでいるはずです。

また、座った後も名刺をじっくり見ているタイプには、雑談でコミュニケーションをとることをお勧めします。相手に合わせた進め方を身につけることで、商談もスムーズに運ぶでしょう。

名刺はその人を表すものです。もらった名刺は大切に扱いましょう。

当日の話の内容などを裏にメモして整理しておくと、次の面談のときに非常に役立ちます。ただし、メモはもちろん自社に戻ってからです。

自分の名刺は汚れや折れ目がないかを事前に確認し、いつどこで何があってもいいように、20枚程度は常に用意しておくようにしましょう。

Basic works of Business Etiquette

16

アポ取りで「そちらにすべて合わせます」は絶対NG

!

受け身な姿勢は、
何度も連絡する手間を増やす結果に

「来週末までに」と範囲を区切るのがスムーズ

面会の約束をする際は、相手の都合に合わせて予定を組むようにするのが原則です。

しかし、アポイントを取る際、よく行われがちな会話が次のようなものです。

自分「よろしければ直接ご挨拶させていただきたいのですが、いかがでしょうか」

お客様「わかりました。よろしくお願いします」

自分「いつお伺いすればよろしいでしょうか。いつでもご都合がいい日に伺います」

お客様「うーん、そうですね……」

相手の都合に合わせよう、と配慮するあまり、「いつでもいい」と伝えてしまうと、かえって相手は困惑してしまい、「じゃあ来月の頭くらいで」と先延ばしにされてしまいます。とくに営業のアポは、「忙しいから」と日時を理由に断りやすくなります。

そこで、**期間を指定して相手の都合を聞くと、スムーズに進みやすくなります**。

「もしできましたら、来週末までにお時間をいただけますと嬉しいのですが、ご都合はいかがでしょうか？」

このように丁寧にお願いすると、相手も予定の管理をしやすくなり、気持ち良く対応してくれるはずです。

また、メールでは、先に候補日を伝えてしまう、という手もあります。「大変勝手ながら、候補日を挙げさせていただきます。以下の日程はご都合いかがでしょうか。①1月13日15時以降 ②1月15日11時～15時の間 ③1月16日～18 終日 上記以外の日程も調整いたしますので、お申し付けいただければと存じます」

このように送ると、相手は合間の時間などに予定を組み込みやすくなります。

「先に自分の都合を伝えるなんて失礼に思われそう」と不安になるかもしれませんが、むしろ、スピーディーに予定の調整ができ、無駄なやり取りを省くことができます。

さすがに相手が多忙を極めるような方でしたら避けたほうが良いですが、多くの場合はお互いにメリットがあります。

最後に、忘れてはいけないのは、約束を取る際は、必ずあらかじめ用件・所要時間と場所を伝えること。電話の場合は「午後1時、13時ですね」と24時間制で復唱して確認するようにしましょう。電話の後に、確認のメールを送ると確実です。

日時の勘違いは信用を一気に失うことになりますので、必ず注意してください。

「いつでも大丈夫」は先延ばしにされる原因に…

期間を指定したほうが
相手も予定を調整しやすい

Basic works of Business Etiquette

17

あなたの納期遅れに迷惑を受ける人が何十人もいる

!

信頼のためにスケジュールは
どんなときも厳守

会社、取引先、お客様…広範囲に予定がずれる

仕事がなかなかスケジュール通りに進まない……。余裕を持ってスケジューリングしたいものですが、そうはいかないことも多いと思います。私も執筆するときなどは、締切通りに終わるのか葛藤があるので、とてもよくわかります。

仕事が予定通りに進まず、自分が大変な思いをするのは仕方のないことではありません。しかし、それによって、納期を待っている取引先やお客様、その対応をすることになる上司など、多くの方が影響を受けることになるのは大問題です。

スケジュール管理は自分のためだけではなく、上司や会社全体、あるいは取引先やお客様のためでもあるのです。締切に合わせて、相手は予定を組みます。スケジュール通りに進めるのは、関係するすべての人に対するマナーなのです。

「そもそも量が多すぎる」「イレギュラーは自分のせいじゃないから仕方がない」とつい反発したくなる気持ちもあるかもしれません。仕事に慣れないうちや、様々な雑用を突然頼まれたときなどは、自分の想定以上に時間がかかってしまうものです。

それでも、スケジュールが守れないと、上司や取引先から叱責されるでしょう。

それを避けるためには、きっちりとスケジュールを管理する必要があります。

参考に、私のスケジュール管理の方法をお伝えします。仕事の内容は大きく「研修・執筆・取材」ですが、それに伴う、打合せ・資料や報告書の作成などもあります。

予定は手帳とPCのカレンダーに記入しています。PCに向かっていることが多いため、手帳をいちいち広げなくてもよいことから、この2パターンで管理しています。

そして、「締切が決まっているもの」「締切を自分で決められるもの」「隙間でできること」に分け、優先順位を決めます。メールの確認などは隙間の時間にできます。

忙しいときは、デスクから見える場所に、付箋に項目と締切日を書きます。終わるごとに付箋を捨てていくと、目に見えて仕事量がわかり、モチベーションも上がります。

また、あまりのハードワークに身も心もボロボロにならないよう、1週間に1日はインターバルを入れることも大切です。そこで、仕事の見直しもできます。

予定を崩してばかりの人には仕事がこなくなります。スケジュール通りにきちっと仕事ができる人は、それだけで周りから高く評価されます。さらに、締切を前倒しすることができれば、相手の予想を超えて信頼感がぐっと高まります。

締切遅れで迷惑をかけないために…

こうならないために

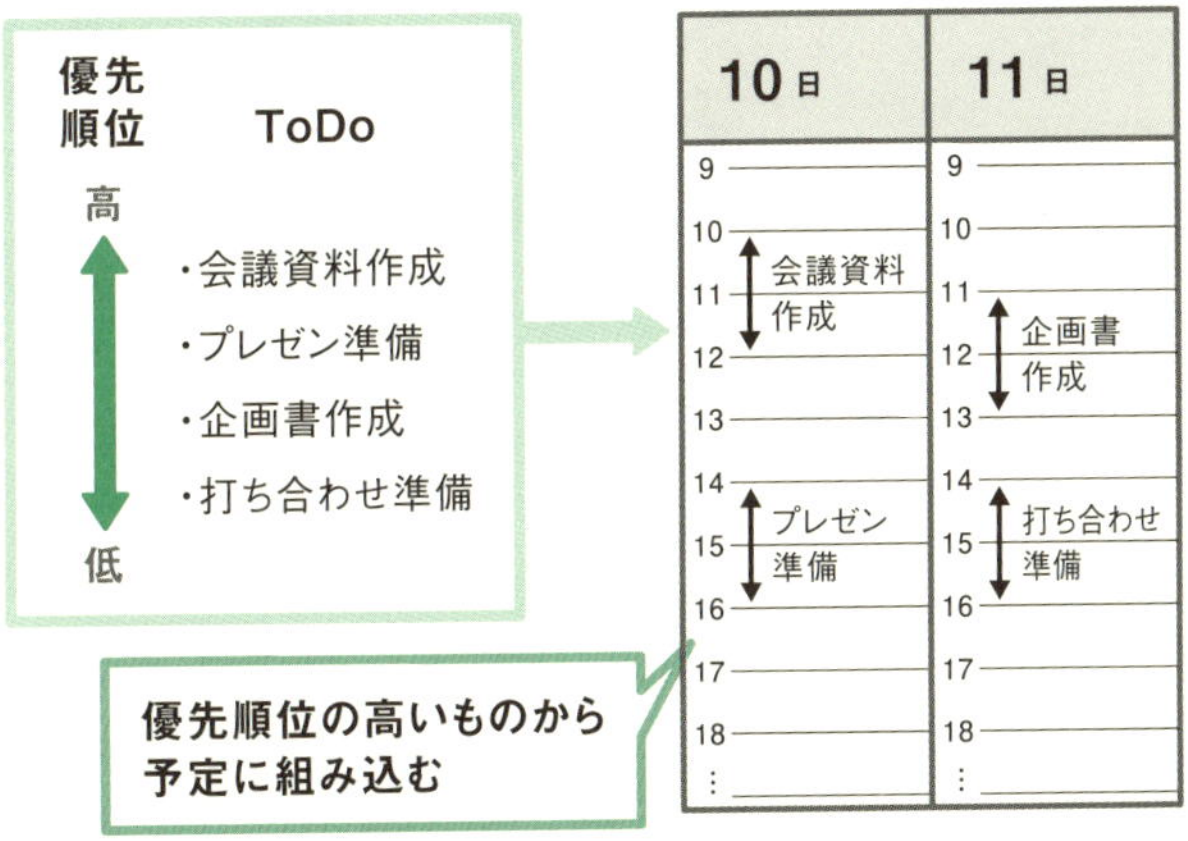

手帳を活用したスケジュール管理が必須

Basic works of Business Etiquette

18

ビジネスの大先輩方には「教えてください」の姿勢で

!

無理に「できる人」に見せようとすると
かわいがられない

背伸びせず、「できない」ことを隠さず相談

取引先など社外の人と話す際に、無理に自分を「できる人」に見せようとしていませんか。「できないこと」「未熟なところ」を隠し、背伸びをして自分を高く見せようとしている人が多いように感じます。

もちろん、「何もわかりません」という勉強不足を肯定するわけではありません。しかし、どんなに取りつくろったところで、40代、50代の経験にはかなわず、背伸びをしている様子はすぐに見抜かれてしまいます。あえて「教えてください」という姿勢を見せることも、積極性が感じられ、相手に信頼されるポイントです。

また、必要以上にビジネスライクになろうとしている人も多く見受けられます。自分の中で壁を作り、「仕事の話しかしません」という態度をしていませんか。

一概にそれが悪いとは言いません。しかし、やはり**上の世代の方が、目をかけて一緒に仕事をしたいと思うのは、笑顔と愛嬌のある「かわいい後輩」です。**フランクになりすぎない程度に、素直に自分の素を見せていくこと。意外とこういったことが仕

事で信頼関係を築くのに重要だったりします。

たとえば、このような場合はいかがでしょうか。指示された仕事の期日は明日。迷っていることがある。上司に進捗報告しなければいけない。

① 背伸びをして、ビジネスライクな会話

「○○の件は、順調に進んでおります。お任せください」

② 素直に本音の会話

「○○の件は、明日中に完了予定です。恐れ入りますが一点、ご相談したいことがあるのですが、よろしいでしょうか」

さて、どちらが良い結果を残すでしょうか。②のほうがその可能性は大きいですね。一見、①のほうが頼りがいがあるように感じますが、迷っていることを隠しています。頑張っている気持ちは認めたいですが、期日に間に合わない、クオリティが下がる、ということも考えられるのです。

悩みや不安をひとりで解決しようとしていませんか?

自分で抱え込まない

**自分の「素」を見せて、積極的に相談するほうが
仕事も人間関係も上手くいく**

②は素直にわからないことを相談し、少しでも良い仕事をしようという意識が感じられます。

悩みや不安を素直に相談してくれたほうが、「向上心がある」「仕事の教え甲斐がある」「取引先に営業に行かせても、相手に気に入ってもらえそう」などといったポジティブな印象を抱かれやすくなります。

「素直さ」は上に引き上げられる人の共通点

そして、「素直」と「正直」は違うことも認識しておきましょう。

次のどちらが素直な人だと思いますか？

① 自分が理解したことだけ行動に移す

② 少し理解できないこともあるが、とりあえずやってみる

正解は②です。①は正直で理屈っぽい人、なかなか動けない人です。②の人は行動が速く、結果も早く出るためスピーディーな修正が可能です。また、必然的に行動量

も増えます。このように、経験や気づきを多く体験することで、成功へのルートに乗ることができるのです。

また、上司や取引先の人の言葉を「なるほど」といったん自分の中に受け入れ、咀嚼できるのも「素直さ」があってのことです。

松下幸之助を始め、**成功する人の口癖は「素直さが大事！」です。**

「素直に接すること」は媚びを売ることではありません。

ビジネスは人間同士のものなので、最終的に大事になるのは、どのような関係を築けているかです。たとえば、少々無理な注文をお願いしたときに、「○○さんのためなら、厳しいけどなんとかしよう」と思ってもらえるかどうか。積み重ねてきた関係によって、ビジネスの成立の可否が決まることもあるのです。

変に形で補おうとせず、「素直」をテーマにしてみてはいかがでしょうか。

Basic works of Business Etiquette

19

「断る＝関係が悪くなる」ではない

!

ビジネスで優柔不断はマナー違反。
ときには「即断」が誠意に

断りづらさからつい回答を先延ばし…

仕事をしていると、断らなければならない場面も数多く存在します。営業の提案を断る場面、金額の折り合いがつかない場面など、ときに言いづらいことでも伝えなければなりません。

「断ったら相手が気分を害してしまうのではないか……」

「なんとか断らずに済ませられないか……。上司が断ってくれたらいいのに……」

などと「断る」ことを避けたくなる気持ちもあると思います。相手の意に添えないことを伝えるのは難しいものです。

しかし、はっきりと断ることも、とても大切なマナーです。

ついつい言いづらいからと、「検討します」と回答を先延ばしにしていませんか。相手の提案を無下に扱わないようにとの配慮はとても大切ですが、もしかしたら「少しでも可能性があるのかもしれない」と新たな提案を用意したり、回答を待つために時間を調整したり……と様々な便宜を図ってくれているかもしれません。

断ると決まっているときは、よけいな時間を取らせないためにも、きっぱりとその

場で回答したほうが、かえって相手のためでもあるのです。

「持ち帰って検討します」と答えるときには、本当に検討の余地がある場合のみにしましょう。そのときは「来週金曜日までにお返事します」などと、期間の指定をすると誠実さが伝わります。


断る際は、「それはできません」「けっこうです」などと言ってしまうと、きつい印象になります。**クッション言葉や感謝を添えて、相手の気持ちを害さないように答えるのがマナー**です。

「大変申し訳ありませんが、今回は見送らせていただきます」

「非常にありがたいお話なのですが、今回は予定の調整がつけられず……」

このように伝えられると、同じ断るにしても印象がまったく変わります。新人のうちは「大変光栄ですが、私には荷が重過ぎます……」「私では力及ばず申し訳ございません」なども謙虚な姿勢が感じられる言葉です。

また、「○○という条件でしたら可能です」といった具合に、折衷案を伝えられると、仮にその案が通らなくても、「親身になって考えてくれている」という印象につ

こんな断り方をしていませんか？

NGな断り方

×断ると決まっているのに
先延ばしにする

×クッション言葉などを
使わない

×あからさまな嘘をつく

**嘘をつくのは絶対NG。
しっかり真摯に断ろう**

ながります。

感謝や残念な気持ちを全面に出せば大丈夫

商談だけではなく、食事や飲み会の誘いをどうしても断らなければいけない場面もあるでしょう。

その際のポイントは**「感謝の言葉＋残念な気持ち＋理由＋次回への期待」を伝えること**が重要です。たとえば、次のように伝えてみましょう。

「お誘いありがとうございます！　せっかく声をかけていただいたのですが、変更できない先約がありまして……。次の機会にぜひお願いいたします」

残念な気持ちを伝える表現は、ほかに「ぜひご一緒したいのですが」「せっかくの機会ですが」などがあります。

理由はあまり具体的にしないのがポイント。「母が上京」「祖父が倒れた」などは事実ならともかく、方便として使うのは見え透いています。「家庭の事情がありまして」「どうしても所用がありまして」「以前からの約束がありまして」程度で収めたほうが無難でしょう。

もう誘ってほしくない、という場合は「なかなかタイミングが合わず申し訳ありません」「何度もお誘いいただいて申し訳ないのですが、どうしてもその日は……。本当に申し訳ありません」とすると、こちらの意図は伝わるはずです。

ただ、食事やお酒の席をご一緒するということは、次のようなメリットもあります。

①　情報を得られる
②　コミュニケーションが深まる
③　参加者の違う一面がわかる
④　自分の積極性が伝わる
⑤　自分のことを知ってもらえるチャンス

いずれにせよ、状況を見て、断るときは相手の気持ちを考えた言葉を、心を込めて伝えることが大切です。

Basic works of Business Etiquette

20

お世辞ではない、「感謝」のほめ言葉を惜しみなく

!

多少オーバーにほめても
快く思ってくれる

「さすがですね」「○○さんのおかげです」…

この項目では「相手をほめること」の大事さをお伝えします。

「ビジネスマナーの本なのになぜ？」と思われるかもしれません。しかし、ビジネスの場において、相手をほめることはマナーのひとつと言っても言い過ぎではないくらい大事なのです。

たとえば、取引先に無理なお願いを聞いてもらったときのこと。

「ありがとうございます。お手数をおかけして申し訳ありませんでした」

と伝えると、いかにもビジネスライクで感情がこもっていません。そこで、

「本当にありがとうございます。無理を申しましたのに、こちらの期待以上に仕上げてくださるなんて、さすが○○さんです！」

などと伝えてみるといかがでしょうか。**多少大げさにでも、感謝と尊敬の気持ちを加えて相手をほめると、受け取り方がまったく違います。**

研修でこのように説明すると、

「えーっ！　無理です」

という声があがることがほとんどです。日常的にほめることをしていないので、たしかに急には難しいかもしれません。

そこで「ほめる練習」をします。2名1組でペアになり、相手を5分間ほめ続けるというものです。そのときに、会話になってしまうと本来の目的が失われるので、ほめられた人の返答は「はい」「ありがとうございます」のみとするのです。

実際やってみると、5分間で平均して20個以上はほめることができています。ほめ続けるコツは、とにかく細部にわたって観察し、具体的に伝えていくことです。これにより、観察力がつき、着眼点も意識できるようになります。なにより、この実技を行うと、全員が笑顔になります。そこが素晴らしいと感じています。

感謝や尊敬の気持ちをオーバーに伝えられても、相手は決して嫌な気持ちなどせず、むしろ快く思ってくれるものです。ただし、心にもないことは言わないように。表情や目の動きで本当かどうかは必ず伝わっています。

社外の人に対してだけでなく、社内の人にも普段から、相手をほめる習慣を持って

覚えておきたい10のほめ言葉

1. 「すごいですね」
2. 「さすがですね」
3. 「素晴らしいです」「素敵です」
4. 「いい話ですね」「感動しました」
5. 「尊敬します」
6. 「わかっていてもなかなかできないことです」
7. 「勉強になりました」
8. 「○○様(さん)のおかげです」
9. 「そこまでは気がつかなかったです」
10. 「初めて知りました」

**前後に具体的な言葉を入れると、
さらに気持ちが伝わる**

おくことです。

ほめられて嫌な人はいません。「すばらしいプレゼンでした。さすがですね」「早く仕上げてくださって、とても助かりました」「○○さんのおかげです」など、お礼を伝えるときにはひと言添える癖をつけておきましょう。

こういったところに気を遣うことも、仕事のコミュニケーションを円滑にするコツです。

相手からも、「○○さんのためなら無理して仕上げよう」「○○さんだし、少し融通を利かせよう」などと思われるようになります。そのような信頼関係を築ければ、必ず大きな武器になります。

とにかくお礼と一緒に相手をほめること。恥ずかしがらずに習慣化できるようにしましょう。

第4章

結果を出す人が一番大事にする社内マナー

The basic works of Business Etiquette

Basic works of Business Etiquette

21

報連相を上司から求められたらオシマイ

!

手遅れになってからでは
上司も助けられない

「待たせる」「言わせる」のは部下失格

「どうして問題が起きたときにすぐに報告しなかったんだ！」

「なぜ勝手に判断して進めてしまったんだ！」

こんなふうに上司から怒られてしまったことはありませんか。報告・連絡・相談（以下、報連相）は、会社で働く上でもっとも大事なことのひとつです。

上司は部下からの報連相によって、状況を把握したり今後の計画を立てたりします。**報連相を怠ってしまうと、上司からすると部下が今どんな仕事をしているのか、計画がどこまで進んでいるのかを把握できないということになってしまいます。**

「こんなささいなことは、いちいち報告しなくてもいいのでは」

「忙しいときに相談したら怒られてしまいそう」

もしかするとこのように考えて、報連相をするのを躊躇しているかもしれません。

しかし、**「ささいなこと」「必要がないこと」と判断するのは上司**です。進捗状況やミスの報告、自身のスケジュールの報告、今後の方針についての相談などは常にする必要があるものとして考えてください。また、上司が忙しそうにしていたら、「○○

の件でご相談したいのですが、5分ほどお時間いただけないでしょうか」などと伺ってみるようにしましょう。所要時間がわかると安心します。

「報告」は仕事の進捗状況や結果を伝えることです。自ら率先して行うのが大切です。上司から、「あの件どうなってる？」と聞かれるまで報告しないのではいけません。上司が確認する手間を省略するために、自分から「○○の件でご報告です」と伝えるようにしましょう。

「連絡」は仕事の情報や約束事などを伝えることです。たとえば、「今○○社の訪問が終わりました。戻りは6時の予定です」などと、逐一連絡をすることが大切です。

「相談」は迷ったとき、あるいは問題が起きたときなどに、意見を聞いたり話し合うことです。問題が大きくなる前に必ず相談します。

「どうしたらいいでしょうか」と上司に丸投げはやめましょう。「私はこのように対処しようと考えているのですが、いかがでしょうか」と自分の意見を伝えた上で、上司に対応を伺うようにしましょう。このとき「たぶん」「だと思う」「一応」などの曖昧な言葉はNGです。内容を事前に紙にリストアップしておくといいでしょう。

いいね!と言われる報連相のポイント

報告	**仕事の経過や結果を伝えること** 鉄則　催促される前に自ら進んで行う
連絡	**仕事の情報や約束事などを伝えること** 鉄則　細かいことでも逐一行う
相談	**問題解決のため意見を聞いたり話し合うこと** 鉄則　仕事に影響が出る前に行う。自分の考えも伝える

こうした報連相は「その件は君に任せる」と言われるまで、徹底します。

以前お会いした、ある大手広告代理店の専務のお話ですが、「報連相ができない部下は助けない。というか助けられない」とおっしゃっていました。

「しっかりと状況を伝えてこないと、助けたくても手遅れになっていて助けられない」ということです。

結果、会社としては損失につながり、信頼も失うことになってしまいます。そうなってしまうと、上司は不信感を抱くことになる、ということを常に意識しましょう。

Basic works of Business Etiquette

22

「雑用」の仕上げ方で目配り力が試される

!

積極的に引き受け、
着実に評価を上げた人

コピーにページを振る、資料に付箋をつけて見やすく…

若手のうちは、上司や先輩から様々な仕事を頼まれることも多いでしょう。コピー取り、ファイリング、資料のまとめ、お茶出しなどなど。

「これは本来の自分の仕事ではない」

「雑用ばかりで、やりたい仕事をやらせてもらえない」

などと反発したくなることもあるかもしれません。

しかし、会社には誰かがやらなければならない雑用が必ずあります。それを**嫌々ではなく、快く「はい！　わかりました」と率先して引き受けることが、仕事を円滑に進めるために必須の、会社のなかでのマナー**なのです。

私の知り合いにも、憧れの会社に就職して意気揚々と仕事に臨むつもりが、雑用ばかりを任されるのが嫌で、入社早々に辞めてしまった人がいます。優秀な人だったのですが、その後、転職を繰り返すことになってしまいました。

また、楽な仕事だけを選んで要領よくやり、ある程度の評価を受けている人もいます。しかし、いざというときに助けを得られず孤立してしまいました。その人の言動は人望を集めることができなかったのです。

反対に、積極的に、しかも笑顔で率先して引き受けていた人は、昇進こそ遅かったものの、やがてリーダーとして部署を任され、着実に成績を伸ばしていきました。

上司も周りの人もあなたの言動を見ています。**雑用を積極的に引き受ける潔さや誠実さは、信頼を得る近道とも言えます。**

たしかに、本来の業務で自分を評価してほしいという気持ちもわかります。しかし、まだ経験のないうちは、どうしても仕事に慣れる期間が必要です。実績も何もないうちは、上司は雑用をきちんとできるかどうかで評価することになるのです。

たとえば、コピーであれば、ページ番号を加えたり、大量の資料が見やすいように付箋をつけるなど、相手が少しでも使いやすいように工夫します。その**気配りが評価され、「今度は別の案件をやらせてみよう」と、次のステップに進むことができる**のです。どんな仕事でも率先して引き受けて、「迅速・丁寧・完璧・プラスアルファ」を心がけましょう。

雑用を無駄なことと思っていませんか？

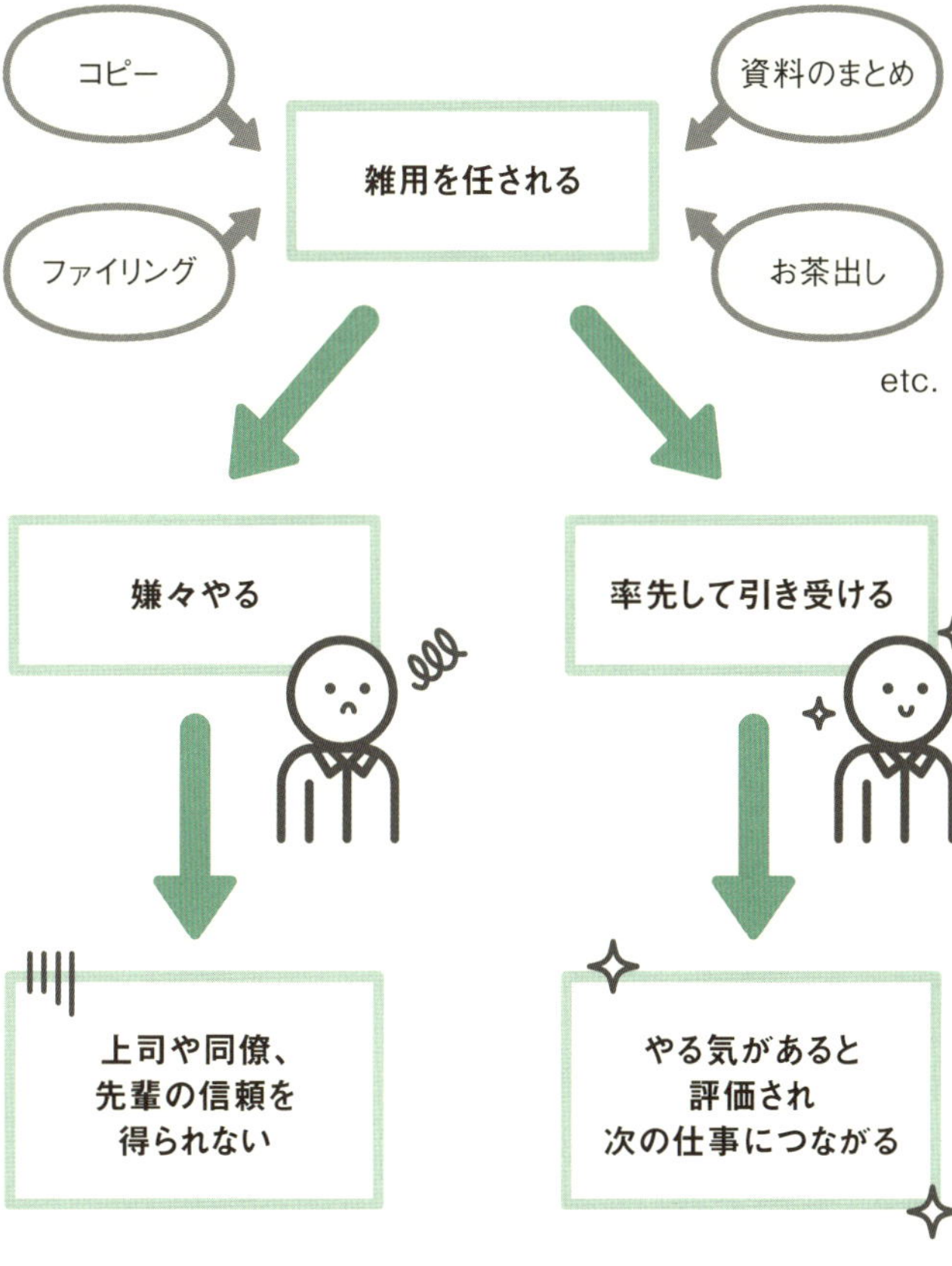

小さなことでも率先して引き受けていく人に、
仕事のチャンスは訪れる

Basic works of Business Etiquette

23

指示を聞くとき、メモを取らないのは不安にさせる行為

!

目の前でメモして
「きちんと聞いている」という姿勢を伝える

5W3Hで書き残し、復唱確認まで徹底

「メモを取らずに話を聞くのをどうにかしてほしい」

部下を持つ上司に、「部下に改めてほしいこと」が何かを聞くと、必ず上位に上がってくるのがこれです。上司から指示や指導を受けるときに、きちんとメモを取って確認する癖をつけているでしょうか。

私も、指示を聞くときにメモを取っていない新人の部下には、思わず、「メモは取らなくて大丈夫？」と聞いてしまいます。

たいていは「ちゃんと覚えているから大丈夫です！」などと返ってくるのですが、「正確を期すためにメモを取りなさい」と徹底するようにしています。

「この資料を5部、コピーしてきて」程度の指示であれば、たしかにメモを取らなくても大丈夫かもしれません。

しかし、「この資料の◯ページと△ページをこういうふうに直して、◯日の◯時までに◯◯社の△△さんにメールしておいて」といった指示だと、すべて覚えていられ

るかどうか、かなり微妙になります。人間の記憶力はあてになりません。有名な心理学者エビングハウスの実験によると、1日後には30％前後のことしか覚えていないそうです。

一度聞いた指示を忘れてしまい、上司に再度確認しに行っていると、信頼を失うのはもちろん、よけいに時間をかかってしまい、仕事に支障をきたします。

また、メモを取ることは、内容を間違いなく記録するということ以外に、話し手に対して「きちんと聞いている」という姿勢を見せることでもあります。

メモを取っていないと、話している上司は、部下が本当に聞いているのか、自分の指示を覚えているのか、不安になってしまいます。**内容に合わせて5W3Hできちんとメモをとり、復唱・確認をして、その不安を解消することが重要**です。メモ帳とペンは常に肌身離さず持つ癖をつけるようにしましょう。

そのほか、雑談しているときに、上司や先輩から良い話を聞いたときには、「今のお話、メモさせていただいていいですか」とメモ帳に書き出すと、話し手は嬉しいものです。たくさんアドバイスをしてくれるようになるでしょう。

人間の記憶はあてにならないもの

■エビングハウスの忘却曲線

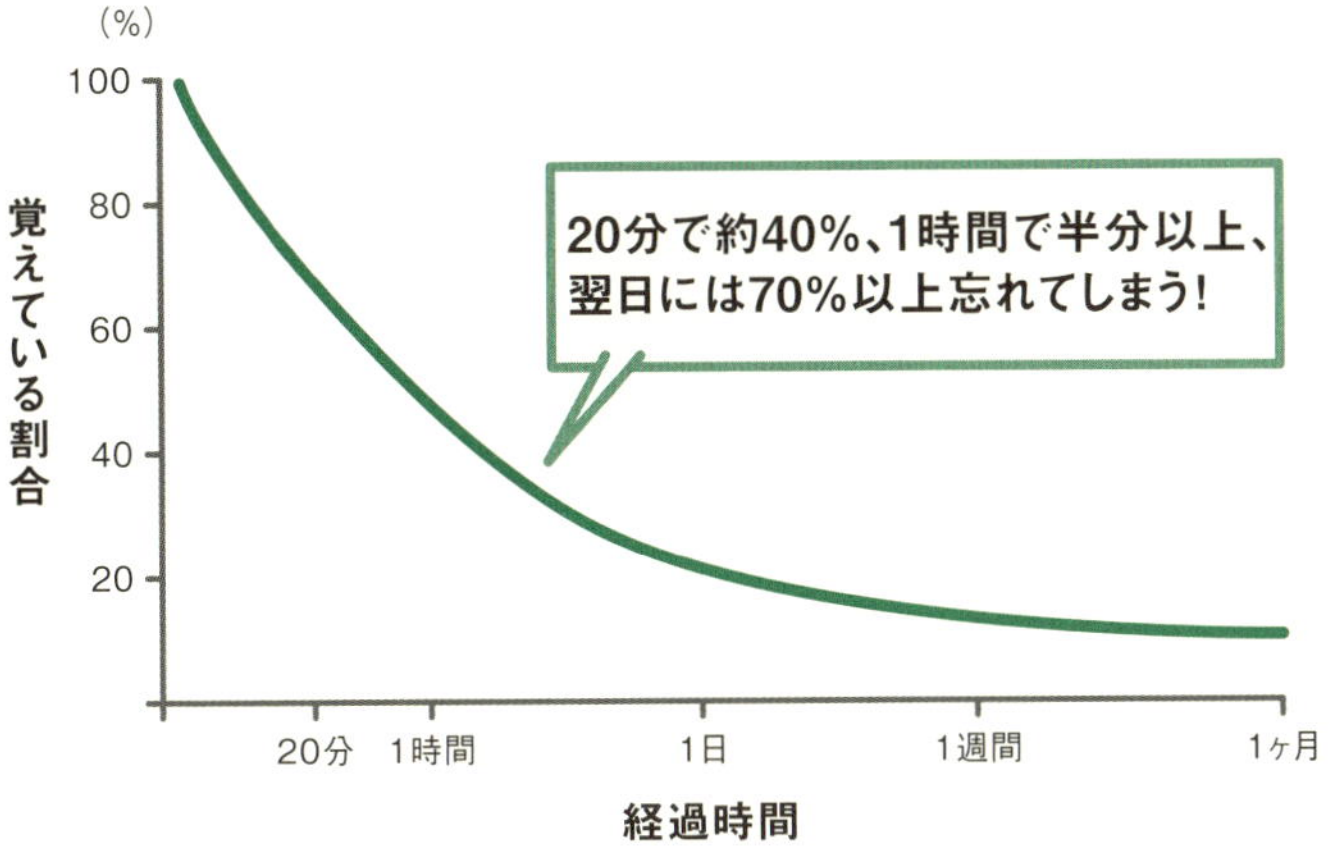

■5W3Hでメモを徹底!

Who	誰が?	Why	なぜ?
What	何を?	How to	どのように?
When	いつ?	How much	いくらで?
Where	どこで?	How many	どれくらい?

「覚えているはず」と思っても忘れてしまう。
その場で必ずメモを取る癖をつける

Basic works of Business Etiquette

24

ミスは誰でもする。重要なのはその後の対処

!

お詫びをするときは
45度の角度の深いお辞儀

言い訳や責任転嫁はせず、迅速に動く

仕事をしていると、ミスは付き物です。

「自分だけが悪いわけではないのに……」ということもときにはあるでしょう。しかし、**大事なのは、ミスをしてしまった後の対応です。誠意ある対応ができるかどうかで、ビジネスパーソンとしての評価が分かれていきます。**

ミスが発生したことがわかったら、まずは上司に報告しましょう。取引先やお客様から、ミスを指摘されたりクレームを受けたりしたときに、それを知られるのが恥ずかしいからと、自分で解決しようとしてはいけません。

私も新人時代、お客様から受けたクレームを必死に自分だけで解決しようと思い、逆に対応を長引かせてしまう失敗をしたことがあります。

「申し訳ございませんが、それはいたしかねます」となんとかお客様に納得してもらおうとしていたのですが、対応が長引くのを見かねた上司が来ると、あっさり解決してしまいました。

自分で解決しようとしても、話が複雑になってしまうだけのことがあります。発生

の段階で、迅速に上司に報告することが大切です。

上司に報告する際は、事実と自分の意見をしっかりと分けて伝えるようにしましょう。

初めは、起きてしまったミスの内容、お客様や取引先がおっしゃっていることだけを時系列で伝えます。

上司から意見を求められた後に、「このように対処しようと思っているのですが」と自分の意見を伝えましょう。

上司と相談し、対応が決まったらすぐに、迷惑をかけた関係先に（多くの場合は上司と一緒に）謝罪に伺うなど、決定に沿って行動しましょう。

お詫びはメールや電話などで済ませるのではなく、直接訪問して伝えたほうが誠意が感じられます。

「この度は私どもの不手際でご迷惑をおかけし、大変申し訳ございませんでした」と、45度の角度の深いお辞儀とともにお詫びを伝えます。

お辞儀は、きちんと相手の目を見てから、上体を下げます。一番深いところで、5秒以上頭を下げた状態をキープすると、誠意が伝わるでしょう。

このときに、言い訳や責任転嫁をするのではなく、謝罪と事実のみを伝えるようにします。

面談の最後に、「今後はこのようなことがないよう、十分注意いたします」と再度謝罪します。お許しの言葉をいただけたら、「ご指導いただきましてありがとうございます。これからもよろしくお願いいたします」と、最後にお礼の挨拶を忘れずに伝えましょう。

また、さらに「またお気づきの点がございましたら、私○○まで、何なりとご連絡いただければと思います」と伝えることができたら、その後の信頼関係までつながります。

ミスが起きた後、慌てずきちんと誠意をもって、対応と謝罪ができるようにしておきましょう。

Basic works of Business Etiquette

25

仕事を離れた場でこそ、マナーが問われる

!

「あの人は外面だけ」と思われた途端、
信用を失う

配送業者や清掃の人にも態度を変えず丁寧に

誰に対しても同じように、丁寧に接することができていますか。苦手に思っている上司や同僚がいると、気持ちが態度に出てしまうこともあると思います。しかし、たとえそのような気持ちがあったとしても、平静な心で丁寧に接するのがビジネスマナーです。自身の感情の起伏にとらわれていると、良い仕事はできません。

誰に対しても丁寧に、というのは、同じ職場以外の人でも同様です。

たとえば、配送や清掃の業者の人、飲食店などの店員の人、飛び込みの営業の人などに対して、挨拶もろくにしなかったり、一方的に要求したり断ったり……といった態度を取っている人を見たことがありませんか。普段はマナーの行き届いた対応をしていても、仕事を離れると途端にマナーを捨ててしまう人は少なくありません。

意外とこうした態度は見られているものだと意識しましょう。「あの人は外面だけ」と思われ、信頼を失います。

以前、私がコンサルティングを担当した会社では、同じフロア内にもかかわらず、違う部署の人には挨拶ひとつしない状態が続いていました。それぞれが個人プレーで働き、ほかの人に対して上から目線で当たり、職場の雰囲気も重たいものでした。

そこで私は、少しでも雰囲気が良くなればと、まず自らが率先して全員に挨拶を徹底し、ドアの開閉時やエレベーターのボタン操作などでも、相手に気を配るようにしました。このような状況のときは、「さあやりましょう！」と言っても無理なことが多く、「相手を変えたければ、まず自分が変わる」ことが大切なのです。

初めは皆さん驚いた様子でしたが、1ヶ月ほど続けていると変化が見えてきました。お互いが笑顔で挨拶をし、気配りができるようになってきたのです。そして、「尾形先生、ドアの開け方やエレベーター内でのマナーを教えていただけませんか？」という依頼までありました。素晴らしいです。

さらに、ほとんどなかった部署間交流や意見の交換も行われるようになりました。比例して業績も伸び、クレームも減るようになったのです。

良いことは伝染します。良い対応をされると、自分もほかの人にするようになるのです。

「上司・取引先・お客様にだけ丁寧」はNG

✕　人によって態度を変える

○　誰に対しても公正

裏表のない丁寧な対応は、
信頼につながる

Basic works of Business Etiquette

26

ストレスや体調管理もマナーのひとつ

!

常に万全な心身状態で
仕事に臨んでこそ一流

無理をして仕事に穴を空けては本末転倒

皆さんは現在ストレスを抱えていますか？　また、体調は万全ですか？

仕事は上司や取引先など、様々な人と進めていくものです。休みがちだったり、体調不良で作業効率を下げてしまうと、多くの人に迷惑をかけてしまうことになります。ストレスや体調をきちんと管理するのも、大切なマナーのひとつなのです。

最近は「生産性の向上」が新しい働き方のテーマになっており、残業を美徳とする考え方は、過去の遺物となりつつあります。


とはいえ、これまで残業続きだったのが、すぐに定時通りにきっかりと仕事を終えられるかというと、なかなか難しいと思います。

「仕事が終わらないのは、自分の要領が悪いせい」

「任された仕事だから、最後まで自分でやるしかない」

などと考えてしまうと、挙句の果てに「自分の代わりはいない」「自分が休んだら大変」と負のスパイラルに陥ってしまいます。少々きつい言い方かもしれませんが、

「自分の代わりはいくらでもいる」、逆に言うと「ひとりの社員がいなくなったくらいで、回らない会社はない」と考えたほうが気持ちがラクになります。

1週間のなかで余暇の時間を前もって確保

人間関係も悩みのタネ。ストレスの大きな原因です。回避するのは難しいかもしれませんが、最低限のことを心がけておくと、よけいなトラブルを避けられます。

まず、人の悪口は言わないこと。悪口を誰かに言ってしまうと、それが噂となって本人の耳に届いてしまい、トラブルに発展するケースがあります。何より、悪口を言うことで、自分の心もすさんでしまいます。

さらに、誰にでも積極的に挨拶をするなど、基本的なコミュニケーションをとること。第2章でお伝えしたように、挨拶には大きな効果があります。あとは、割り切ってキャリアアップを目標にし、仕事に専念しましょう。

ほかにも、体調を崩さないための習慣を身につけておきましょう。

まずは102ページで説明したように、時間管理を徹底すること。無駄な時間を極

ストレスをためてしまわないように…

運動をする

趣味の時間を確保

残業が続かないよう
スケジュール調整

人の悪口は言わない

目一杯まで頑張るのではなく、
適度な息抜きを

力減らし、効率良く仕事をするように心がけましょう。**どうしても残業しなければならない日が週に3日あったら、残りの2日は定時で帰れるように、スケジュールを調整することも重要です。**

また、ストレス解消のための余暇の時間を確保することも大切です。週に2日はジムに通って汗を流したり、週末は趣味の映画を見に行ったり、買い物や友人とのおしゃべり・食事など、仕事一辺倒にならないようにしましょう。また、ステップアップのための勉強の時間を取るのも大切です。

お酒を飲むのが何よりのストレス解消、という方もいるでしょう。もちろん、それ自体はかまわないのですが、深酒をして寝不足になったり、二日酔いになってしまうと本末転倒ですので、ほどほどに。

会社の貴重な戦力としてはもちろん、何より大切な自分自身のためにも、資本である心身を大切に扱ってこそ、一流のビジネスパーソンと言えます。

第5章

顔が見えないからこそ問われるメール・電話のマナー

The basic works of Business Etiquette

Basic works of Business Etiquette

27

いついかなるときもメールは即返信

!

原則として1時間以内を自分ルールに

「受け取りました」の一報なら超多忙でも送れるはず

「取引先とメールをしていたら、突然相手がひどく怒ってしまったんです。どうしてでしょうか」

以前知り合いから、このような相談を受けたことがあります。原因を探るため、送信メールを見せてもらったのですが、言葉遣いにとくに問題はなく、決して失礼な印象はありませんでした。

「たしかに文面は問題ないと思うけど……返信はすぐに送ったの?」

と聞くと、

「いえ、『資料を確認してください』と言われたので、確認してから送ろうと思いまして。そのとき仕事が立て込んでいたので、全部片づけてから送りました。メールをもらってから3日後です」

このように答えました。私が、「どうしてすぐに返信しないの?」と聞いても、「用事が済んでから送ろうと思った」と言うのです。これでは相手が怒るのも無理はありません。

たしかにメールは相手の都合にかかわらず送ることができます。忙しいときに受け取ることもあるでしょう。

しかし、用件があって送っているのですから、相手は返信がないと不安に思います。たとえ忙しいときに「資料を確認してください」と頼まれたとしても、必ず「承知しました。〇日までにお返事いたします」や「申し訳ございません。ただ今緊急の仕事が入っておりまして、〇日のお返事でもよろしいでしょうか」などと、すぐに確認の返事を送るようにしましょう。

業務時間中に受け取ったメールであれば、原則として1時間以内に返信することを心がけましょう。「受信に気がついて、読んだらすぐに返信」と決めてしまうのも手です。

ビジネスメール実態調査のアンケート結果（１５００人）では、８割の人が返信を望む期限は、「１日以内」とのことです。この結果からも、朝・昼・夕のメール確認と返信で、相手に不快感を与えずに仕事を進めることができると言えます。

仮に、相手が求めている返事がまだ確定していないのであれば、「取り急ぎ」確認

メールを送るときのポイント

鉄則

- 受信したらすぐに返信する
- 確認中の案件でも「取り急ぎ」で現状を伝える
- 口頭の約束事もメールで確認
- お礼や確認をまめに送る

■ お礼のメールの例

差出人　□□社△△
宛　先　○○様
件　名　【□□社△△】昨日はありがとうございました

○○様
いつもお世話になっております。
昨日はお忙しいなか、ありがとうございました。

またぜひお話を伺わせていただきたいです。

■ 約束の確認メールの例

差出人　□□社△△
宛　先　○○様
件　名　【□□社△△】打合せ日時の確認

○○様
いつもお世話になっております。

○月○日 15:00に御社にお伺い致します。
よろしくお願い申し上げます。

返信を後回しにすると、その分信頼も減ると心得る

中であることを、必ず伝えます。

メールのような、相手の顔も声もわからないコミュニケーションでは、ささいなことが不和につながります。直接のコミュニケーション以上に、注意を払うようにしてください。

文章として残る重要性

また、メールの利点には文章として残ることがあげられます。

「言った・言わない」のすれ違いや、伝達ミス、勘違いを極力回避することができます。対面や電話で約束したことを、確認のためメールで送ったり、約束の日時が迫ってきたときに、「明日の◯時に貴社にお伺いいたします。よろしくお願いします」と確認することがとても重要になります。とくに、**2週間以上前の約束は前日確認が必須と覚えておきましょう。**

打ち合わせや飲み会の後などに、

「本日はお忙しいなか、ありがとうございました」

「昨日はごちそうさまでございました」

約束の確認に、

「○月○日15：00に御社にお伺いいたします」

確認やお礼の連絡であれば、相手がそれで不快に思うことはほぼありません。ビジネスではまめに連絡する人が信頼されます。

ただし、文章として残るということは、相手は何度も読み返すことができるということ。誤字脱字などにはくれぐれも注意が必要です。

また、「御社」と「貴社」のどちらを使えばいいか迷う、という声もよく聞きます。「貴社」は現代では挨拶文など、形式的な文面のときに使います。メールでは「御社」が一般的と考えていいでしょう。

Basic works of Business Etiquette

28

とにかく短く、要点を明確に。メールの鉄則

!

読みづらいメールは
よけいな負担をかける

件名だけでわかる、本文は改行をまめに

「なかなかメールの返信をもらえない……」

と、悩んだことはありませんか。毎日何十通もメールが来るという人も多く、読みづらかったり、要点がつかめなかったりすると、読み飛ばされたり、読んですらもらえない、という可能性もあります。

この項目では、きちんと要点が相手に伝わるメールを書く際に必要な、具体的なポイントを紹介します。

①　件名

内容がひと目でわかるタイトルをつけましょう。たくさん受信するメールのなかに埋もれてしまわないように気をつける必要があります。

基本的に【○○社△△】のように会社名と名前を必ず入れるようにします。その後に、「先日お渡しした資料の確認について」などと、本文の内容と一致した文を入れます。これで相手がメールを検索しやすくなります。また、返信の「Ｒｅ：」の表示に関しては、同じ話題が続いている限りはそのままでかまいません。

② 署名

メールの最後には必ず「会社名」「氏名」「部署」「電話・FAX番号」「会社住所」「メールアドレス」「会社HPのURL」が書かれた署名を入れるようにしましょう。署名は名刺と同じようなものです。ささいなやりとりでも必ず入れてください。メールソフトの設定で、自動で入るようにもできます。

③ 読みやすい文章

もっとも大事なのは、視覚的に読みやすい文章を心がけることです。長文はNGです。全体の文章量が多すぎないことはもちろん、一文が長くなりすぎないよう、**ひとつの文章にはひとつの要素（伝えたいこと）を入れる**ように心がけましょう。

30字程度で改行し、内容にあわせて5行ごとに行空けをすると、読みやすくなります。打ち合わせや商談の日時・場所を送るときは、時間と場所を書いた前後2行を空けると読みやすくなります。

また、複数の用件を送るときは、文中に〈○○の件〉とタイトルを入れたり、箇条書きにしたり、①②と番号をつけたりすると、わかりやすくなります。

メールを書く際に意識しておきたいこと

- 1行30〜35文字
- 4〜5行程度で1行空ける
- 結論から書き、目的を明確に
- 要点は箇条書きにする
- 文語体（手紙文）にはしない
- 1メール1案件が基本
- 誤字脱字、敬語に注意
- 最後に気配りのひと言を
- 2回は見直す

「相手の読みやすさ」を第一優先に！

Basic works of Business Etiquette

29

電話応対は「相手が目の前にいる」つもりで

!

どんなときでも必ず3コール以内に取る

姿勢を正し、笑顔を作ると声が変わる

「電話応対が苦手」という人はたくさんいると思います。私は電話応対の研修もしていますが、本当に多くの人から電話応対の悩みが寄せられます。

研修先のなかには大手電話会社もあるのですが、電話を扱う専門の会社に入社したはずの新入社員でさえ、半数以上の人が「電話を取るのがこわい」「仕事なので仕方がなく取っている」と訴えます。

また、多くの企業の上司の立場にある方たちから寄せられる意見の多くにも、「新人が電話に出てくれない」というものがあります。

一般的に、コミュニケーションは視覚が50％以上を占めていると言われています。しかし、電話は相手の顔が見えないので、誰が、どのような状況でかけてきているのかわかりません。そのため、トラブルが起きやすく、苦手意識を持ちやすいのです。

会社の電話の対応者は「会社の顔」として相手は認知します。たとえば、客としてどこかの店に電話したときに、ひどい対応をされたらそれだけで「嫌な店」「二度と

行きたくない」と思ってしまいますよね。会社の電話対応も同じで、**自分の対応が会社の評価に直結してしまう**のです。

このような話をすると、ますます電話に出るのがこわくなってしまいがちです。しかし、必要以上に電話に苦手意識を持つ必要はありません。ポイントをおさえれば、すぐにスキルが上達し、どんな電話にもラクに対応することができるようになります。

会社の代表として、しっかり取り次ぐ

電話応対の基本は「相手が目の前にいると思って話すこと」です。相手が目の前にいると思うと、必然的に笑顔になったり、姿勢も良くなるはずです。**声には身体の動きが反映されるものなので、背中を曲げていたり、足を組んだまま出るのはＮＧ**です。

「お電話ありがとうございます。◯◯社△△でございます」

と、丁寧にゆっくりと発音しましょう。電話がつながった直後は、声が聞き取りづらいことがあるため、「お電話ありがとうございます」とワンクッション入れると親切にもなるのです。相手が名乗ったら、「◯◯様ですね、いつもお世話になっております」と名前を復唱しながら伝えましょう。ちなみに、初めて対応する相手の場合で

も「お世話になっております」は挨拶として有効です。

電話は3コール以内に取るのが原則です。それ以上かかってしまった場合は「（大変）お待たせいたしました」とひと言断るのがマナーです。

意外と重要なのが電話機の位置です。伝言や引き継ぎをすることも多いため、利き手でメモを取れるように、利き手の反対側に置くようにしましょう。

メモは、「いつ・どこで・誰が・何を・なぜ・どのように・どれくらい・いくらで」が明確になるよう、5W3Hで確認しましょう。かけ直しを頼まれた場合は、電話番号を聞き、復唱して間違いがないようにします。

「○○さんをお願いできますか」と取り次ぎを頼まれた場合は、「○○ですね、ただ今おつなぎしますので少々お待ちください」と伝えた後、電話を保留にします。席が近い人に引き継ぐ場合でも、必ず保留を押しましょう。

取り次ぎは原則30秒以内とし、それ以上かかりそうな場合は、ひと言時間がかかる旨を伝えるか、かけ直しを提案します。そのほか、引き継ぐ相手が不在の場合の受け答えのパターンを載せますので、参考にしてください。

①　外出中の場合
「申し訳ございません。◯◯はただ今外出しておりまして、15時に戻る予定でございます」
②　社内で会議・来客対応の場合
「申し訳ございません。◯◯は席を外しておりまして、あと30分ほどで戻る予定でございます」
③　休みの場合
「申し訳ございません。◯◯は本日お休みをいただいておりまして、明日出社予定となっております」
①、②の場合は「戻り次第こちらからお電話させていただきますが、いかがいたしましょうか」と、さらに続けて提案すると親切です。

相手の声が聞き取りづらい場合は、「申し訳ございません。お電話が少々遠いようですが……」と伝えるのが基本です。会社名やお名前を聞き取れなかった場合は、「申し訳ございません。もう一度会社名とお名前をお伺いしてもよろしいでしょうか」と確認し、聞き漏れがないようにしましょう。

電話に出たときのポイントと流れ

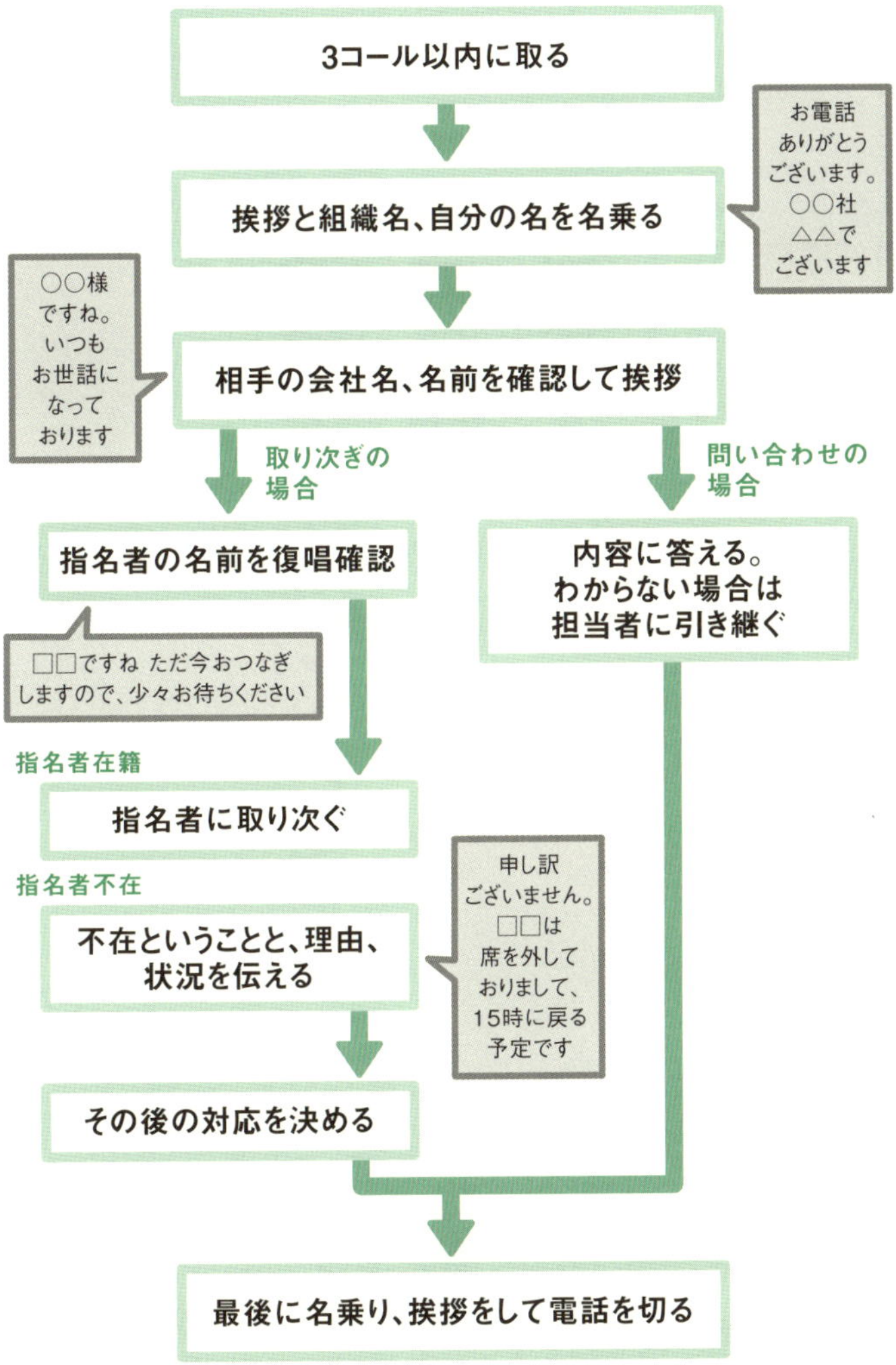

Basic works of Business Etiquette

30

電話をかけるときは「邪魔をする」自覚を持つ

!

「今お時間よろしいでしょうか」
のひと言は必須

事前に話す内容を紙に整理しておく

この項目では、電話をかける際のポイントを説明します。

基本は電話を受ける際と同様、**ゆっくり丁寧に、元気よく話す**ことを心がけます。

また、こちらからかける場合は、相手の仕事を中断させて時間を奪っている、ということを意識するようにしましょう。

かける場合は、まず次の4点をしっかりと準備することが重要です。

① 相手の部署やフルネーム、あれば名刺を手元に置いておく
② メモや必要な資料
③ 話す内容の整理
④ 先方の会社のホームページを開いておく

緊急の電話以外は、一般的な業務時間内（9～17時）にかけることが原則です。また、始業後1時間以内とお昼休みの11時半～13時半の間は避けたほうが良いでしょう。

相手が電話に出たら、「いつもお世話になっております。△△社の○○と申します」

と挨拶し、「恐れ入りますが、□□様はいらっしゃいますでしょうか」と、取り次ぎをお願いしましょう。「少々お待ちください」と言われた後に、「よろしくお願いします」「お手数おかけします」などとひと言添えると好印象です。

取り次いでもらった後は、再度挨拶と名乗りをした後、「少々お時間よろしいでしょうか」と断ってから用件に進むのがマナーです。**いきなり用件を話すのではなく、「○○の件でご連絡させていただいたのですが……」と初めに断りを入れておくとさらに親切です。**相手が忙しそうであれば、「5分ほどお時間いただけましたら助かります」と所要時間を伝えると、安心感を与えることができます。

相手が不在だった場合は、基本的に「それでは、またこちらからお電話させていただきます」と伝えます。

その際に、「恐れ入りますが、何時頃お戻りになるか教えていただけますか」と時間を聞いておくといいでしょう。

その後、**2回電話しても不在だった場合は、「お手数をおかけいたしますが、お戻**

電話をかけるときのポイントと流れ

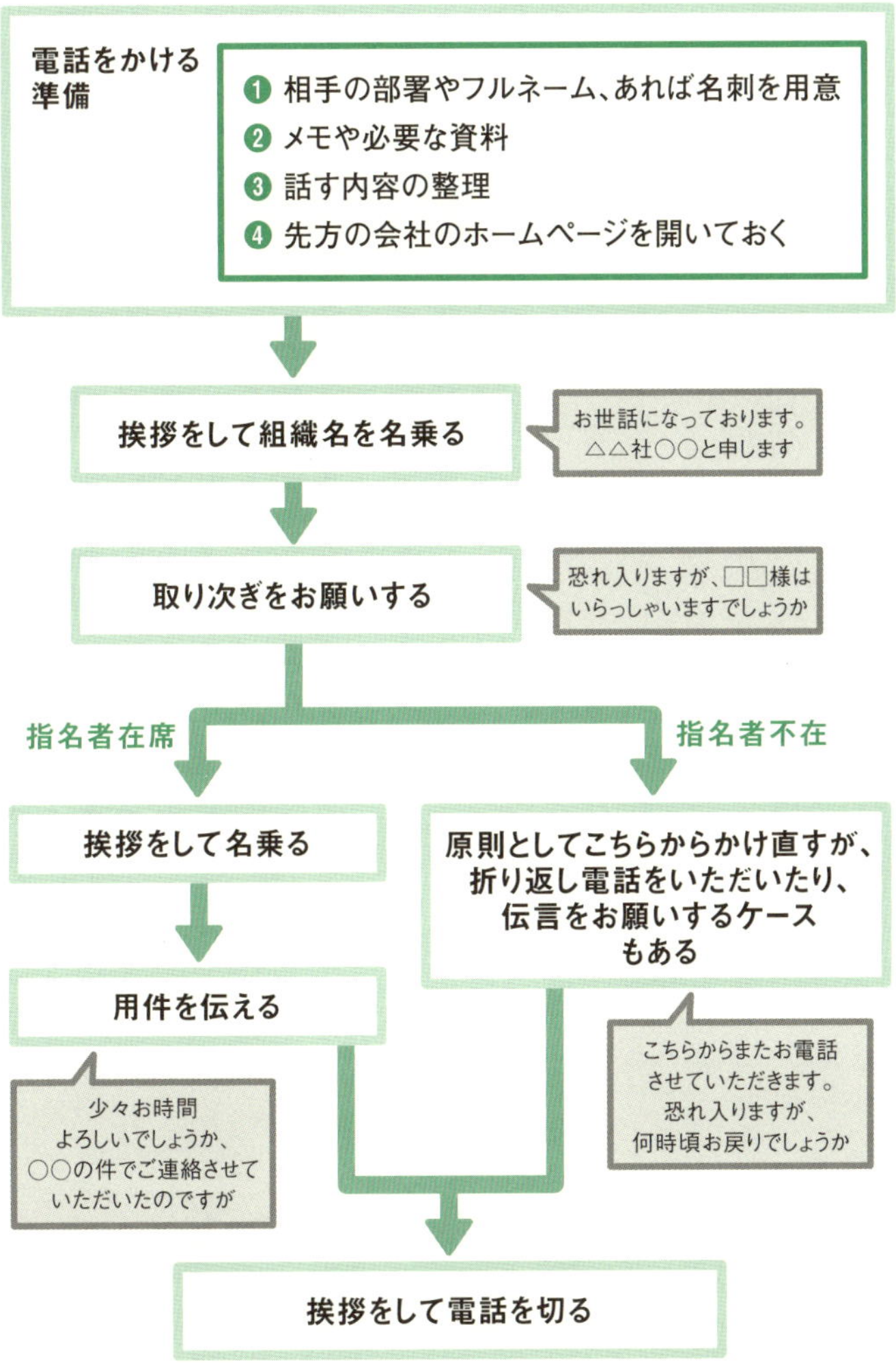

りになりましたら、お電話いただけるよう、ご伝言をお願いできますでしょうか」と伝え、自分の会社名、名前、電話番号と簡単に用件を伝えます。お願いごとですので、クッション言葉を忘れずに、丁寧に話しましょう。

ただし、何度も電話をかけていると、電話を受けた人から「戻り次第、折り返しお電話いたしましょうか」「お急ぎでしたら、携帯に連絡を取ってみます」などの提案があることがほとんどです。状況に合わせて対応をお願いしましょう。

研修でよくある質問が、「名刺を見ると、会社の電話と携帯電話と両方書いてあるので、どちらに電話すれば良いか迷う」というものです。

名刺交換のときに両方書いてあると気づいたら、「恐れ入りますが、お電話をかける場合は会社と携帯と、どちらがよろしいでしょうか」と確認しましょう。

相手も「○○さんから電話が来るときは携帯のほう」などと認識できるので安心感につながります。これも信頼関係の第一歩です。

第 6 章

型通りを抜け出す ワンランク上の マナー

The basic works of Business Etiquette

Basic works of Business Etiquette

31

どんなお酒の席も「仕事の延長」と心得る

!

飲み会の席から広がる
仕事のチャンスも少なくない

接待中は注文確認と相手の話に全神経を集中

社会人となると、お酒の席に参加する機会も多いと思います。現代では「アルコールハラスメント＝アルハラ」が問題になったり、酒席に参加したがらない人が増えるなど、お酒に関わる問題が議論されています。

私も新人研修を行う際、「上司から飲み会に誘われたときの、角の立たない断り方」などを非常によく聞かれます。しかし、お酒を敬遠する方向に社会が向かいつつあるとはいえ、まだまだお酒を介したコミュニケーションは必須とも言えます。酒席でのマナーをしっかりとおさえておくようにしましょう。

まずは接待についてです。完全な「接待」という名目での酒席に限らず、打ち合わせやプロジェクトが一段落した後などに、酒席を設ける機会は多々あると思います。

接待は仕事の延長上にあることを大前提として、**「過度に飲み過ぎないこと」をしっかりと肝に銘じましょう**。勧められるままに飲み過ぎてしまうのはＮＧです。

「接待は仕事」と完全に割り切って、自分が飲む分はほどほどに、相手に楽しんでいただくことに徹しましょう。

一度や二度の失敗であれば、笑って許してもらえるかもしれませんが、それが度々となると、「あの人は酒癖が悪い」「毎回酔っ払って迷惑」ということになり、信用は失墜します。節度を守って飲むようにしましょう。

接待をするときのポイントは、先方の好みを把握しておくことです。店選びを任された際は、相手の好みのお酒や食べ物に合わせた店を選択しましょう。雑談のなかで、「日本酒が好き」「健康のために脂物を避けるようになった」という言葉が出たら、しっかり拾っておけるといいですね。また、店をネットで調べるだけで済ませるのではなく、実際に足を運んで確認すると、失敗の確率を減らせます。

接待とはいえ高級すぎる店は、相手に気を遣わせたり、裏があるのではと警戒させてしまうので、避けたほうが無難です。また、相手の会社の近くや、乗り換えなしで帰れる場所で開催するなどの気遣いも大切です。

接待中は、すべての参加者にお酒や食事が行き届いているか、グラスが空になっていないか、などに常に目を配るようにします。積極的に注文の確認をしたり、瓶ビールを注ぎにいくようにしましょう。ビールを注ぐ際は、必ず両手で、ラベルを上に向

接待で気をつけるべきポイント

大原則

飲み過ぎないこと。
自分の酒量はほどほどに、
相手に楽しんでもらう

おさえておきたいポイント

- 先方の好みを把握しておく
- 開催する場所は相手に合わせる
- 店選びはネットで調べるだけではなく実際に足を運ぶ
- お酒や食事が行き届いているか目を配る
- 積極的に注文確認
- 聞き役に徹する。たくさん質問をする

お酒が入っても、
「接待は仕事」であることを忘れない

けます。注いでもらう際も両手をグラスに添えるようにします。

酒の席では仕事の話だけではなく、様々な話をしましょう。

「この人と一緒にいると楽しい」と思ってもらうことで、相手と関係が構築され、ビジネスに発展していきます。そのためには経済関係だけでなく、歴史や文化など、日頃から教養を広めることも重要です。そして、何でも勉強させてもらうつもりで、常に聞き役に徹しましょう。**ひとつの話題が出たら、興味を持って3つ以上の質問ができるよう心がけてください。**相手は「話を聞いてくれた」と必ず満足します。

社内の飲み会も参加したほうがメリットが多い

「お酒が飲めないのに、飲み会参加を強要されていてつらい」

「毎回社内の飲み会に参加するのは、時間の無駄のような気がする」

このような声をよく聞きます。たしかに、社外の人と親交を深めるのならともかく、毎日顔を合わせる社内の人との飲み会は無駄、と思う気持ちもわかります。

会社全体が飲み会をしない雰囲気にあるのなら、それで良いと思います。

しかし、まだまだ飲み会が多い会社が多いのも事実です。一般に、上司や先輩の世代（40〜50代）はそのような場を大切にします。**新人の頃にたくさん飲み会に参加して人脈を作った人は、上司からかわいがられ、出世する傾向にあります。**

このような背景もあり、私は「ほどほどに」参加することを勧めています。お酒の場では、上司や先輩も自分も、ある程度の素を見せることができます。

今まではこわい、厳しい、と思っていた上司の意外な面が見えたりすると、その後の仕事の姿勢が変わってくることもあるでしょう。また、「会社になじもうとしている」という姿勢を表すこともできます。

お酒が苦手な場合は、乾杯だけ付き合って、あとはソフトドリンクを飲みながら話に加わるのでも十分です。瓶ビールで注いでもらうときは、あらかじめ「苦手なので少しでお願いします」とひと言断っておきましょう。

また、**お酒が苦手なことを、必ず事前に伝えておくことが重要**です。これは社内の飲み会に限らず、上司と同席の接待などでもそうですが、宴会の場で、「飲めない」と言ってしまうと、どうしても場の盛り上がりが薄れてしまいます。

「お酒が飲めないので、乾杯だけでよろしいでしょうか。その代わり、気持ちだけは

社内の飲み会のメリット

- 上司や先輩のいろいろな面を見ることができる
- 「会社になじもうとしている」という姿勢が伝わる
- 仕事の話のほか、様々な話を聞くことができる
- 積極的に飲み会に参加した人は、その後の人脈につながることも

楽しく酔います！」

飲み会に誘われた時点で、このように伝えておきましょう。

参加する頻度は、「部や課単位の飲み会には極力参加、そのほかは最低でも3回に1回くらいは参加」が目安です。もちろん、毎回遅くまで付き合わなくても大丈夫です。**一次会に参加するだけでも、意外と十分に思われるもの**です。ただし、主催者が日頃愚痴ばかりの人の場合は、その時間を自分のために有効に使うことをお勧めします。

断る際は、112ページでお伝えしたように、嘘をつくのではなく、「申し訳ありません。今日は以前からの約束があるので、また次回誘っ

てください」などと伝えるようにしましょう。

「どんなお酒が好き?」のベストアンサーとは

酒の席では、「○○君は普段どんなお酒を飲む?」などと聞かれることも多いでしょう。その際注意したいことがあります。目上の方の前では、あまりワイン・ウイスキーなどが好き、と言わないことです。

ワインやウイスキーは、そのイメージから、少々「生意気」と取られてしまうことがあります。うんちくを詳しく語ってしまうと、嫌味な印象は避けられません。仮に本当に好きだったとしても、それは趣味にとどめ、公の場では「ビールを飲む程度で」などと言っておいたほうが無難です。

その点、日本酒や焼酎は、産地の話から地元や旅行の話などに派生しやすく、話題としてうってつけです。上の世代には日本酒・焼酎を好む人も多く、「お勧めを教えてください」などと伝えると、喜んで話してくれるでしょう。

あまり好んで飲むお酒がない場合も、「普段はビールくらいしか飲まないんです。お酒を勉強してみたいのですが、何から始めたらいいでしょうか」などと、伝えてみてはいかがでしょうか。

Basic works of Business Etiquette

32

贈り物は タイミングがすべて

!

旅先のお土産や、
話題のお店の品などが喜ばれる

仕事がひと段落したときなどに、さりげなく

ビジネスの場では、取引先やお客様に手土産を渡すこともあります。初対面や仕事がひと段落したときなど、さりげなくセンスの良い贈り物ができると、気遣いができる人と思ってもらえるようになります。以下のポイントを参考にしてみてください。

ひとつ目は、買う場所についてです。相手の職場の近くで買うのは避けましょう。「近場で済ませた」ということで、気持ちが伝わらないどころか、軽々しく扱われた、と悪印象となってしまいます。**自分の職場の近くや住んでいる町などで、評判の良い「定番のお店」をいくつか見つくろっておくと便利です。**

次に、買うものについてです。値段は3000円くらいのものが一般的でしょう。もっとも無難なものはお菓子です。日持ちのする、小分けになっているものを選びましょう。

人気が高かったり、話題になっていたり、定番のものなどを選ぶといいですね。そ

贈り物をするときのポイント

買う場所	自分の職場の近くや地元など
買う物	3,000円くらいのお菓子が無難 日持ちのする、小分けになっているもの 人気、話題、定番のものがベスト
渡すタイミング	仕事がひと段落したときのほか、「何気ない」タイミングで

の場合は、自分も実際に食べてみることをお勧めします。お渡しするときに美味しさを伝えることができますので、心のこもった贈り物になります。

渡すのは、お会いしてひと通り挨拶が終わった後です。渡すときは袋から出すのが基本ですが、現代では持ち運びしやすいようにと袋のままお渡しするのが主流となっています。

その場合、右手で持ち手を、左手で袋の下を持って「このままで失礼いたします」とお渡しするのがマナーです。

また、継続的な関係の相手には、プロジェクトが終わったときなどのタイミングはもちろん、**自分が帰省したときや、たま**

たま評判のお店の近くを通ったなどの、「何気ない」タイミングで渡すと、とてもスマートです。

「こちら、先日帰省した際に買った、北海道で有名なお菓子なのですが、よろしければ皆さんで召し上がってください」

このように渡すと、

「そうなんですか。北海道のどちらのご出身なんですか？」

「私も先日旅行で行きましたが、いいところですよね」

といった雑談の話題にもつながり、お互いの仲を深めることができます。

なお、お中元やお歳暮は、最近は虚礼廃止が浸透してきたこともあって、やりとりを禁止する会社も増えてきました。なかには年賀状やバレンタインまで禁止というケースもあるほどです。

「贈らないマナー」もありますので、状況を見て事前に確認するのもひとつの方法です。お中元・お歳暮は日頃の感謝の気持ちを表すものなので、途中で止めるのは失礼です。「贈るなら一生贈る」という心がまえが必要です。

Basic works of Business Etiquette

33

経験値がそのまま出てしまう、テーブルマナー

!

恥ずかしい思いをして、せっかくの料理を
楽しめないのはもったいない

招待の席では相手に合わせれば大丈夫

この項目では、主に食事の席でのマナーを説明します。仕事でマナーが求められる食事の場に招待されることも、これから増えるでしょう。また、プライベートの記念日などで、格式の高いレストランを利用する機会もあると思います。その際に、社会人としての振る舞いが求められます。

格式の高いレストランでのマナーは、同席する相手や、ほかにお店を利用する方に失礼のないようにするものです。食事を楽しむための場ですが、マナーがわかっていないために、同席者から失笑を買わないようにしたいですね。

とはいえ、そこまで堅苦しいことではありませんので、安心してください。

格式の高いお店には、ドレスコードがある場合があります。男性の場合はスーツにネクタイが基本です。女性の場合はドレスが基本ですが、指輪やネックレスなどが食器に当たらないよう気をつけてください。また、とくに定められていなくても、ジャケットを着るなど、カジュアルな格好は避けましょう。

そうしたお店には、目上の方と行くことが多いと思いますが、注文の際、メニューを見ながら何を頼めばいいいか、迷ってしまうこともあると思います。

あまり高い物を頼むと図々しいと思われてしまいますし、かといって気を遣って、「一番安い物」を頼んでしまうと、逆に相手に失礼になってしまいます。

「こうしたお店に慣れていないもので……。何がお勧めか教えていただけますか」

「○○さんが頼まれたメニュー、美味しそうですね。私も同じ物をいただいてもよろしいでしょうか」

このように謙虚に聞くと、たいてい相手はそうしたお店に詳しいので、いろいろと教えてくれるでしょう。最終的には、中間の価格帯から選ぶと無難です。

また、**料理を食べたら、必ず「とても美味しいですね」と感想を伝えるのも、大事なマナー**です。とくにごちそうしていただいたときは、黙々と食べるのではなく、きちんと感想や料理を楽しんでいることを伝えると、相手もとても嬉しいものです。料理をほめるのもマナー、と覚えておいてください。

ナプキンとカトラリーの使い方をおさえておこう

洋食レストランは、欧米のマナーに沿っているので、基本的にレディファーストに

洋食はナプキンとカトラリーの使い方が重要

ナプキンの使い方

二つ折りにして膝の上に置く

イスの上にたたんで置く

軽くたたんで
テーブルの左側に置く

首からさげない

ナイフとフォークのサイン

食事中

ハの字に置く。
ナイフの刃は内側に、
フォークは下向きに

食後

斜めに揃えて置く。
ナイフの刃は内側に、
フォークは上向きに

間違えてしまうと恥ずかしい。
しっかりと覚えておこう

なります。スタッフはまず女性のイスを引いてくれるので、それに合わせて座ります。男性はタイミングが合えばスタッフが引いてくれます。

着席すると、必ずナプキンが置かれています。席に着いてオーダーが終わってから、もしくは、最初の飲み物が運ばれてきてから、二つ折りにしてひざの上に敷きます。食事中に席を立つ際は、イスの上に軽くたたんでおきます。食後、店を出る際は、軽くたたんでテーブルの左側に置くのがマナーとなります。

カトラリー（ナイフ・フォーク・スプーンなどのこと）は、外側に置かれた物から順に使っていきます。ひとつの料理につき、一セットのカトラリーを使うので、食べ終えたら皿の上に斜めに揃えて置きます。まだ途中のときはハの字にして置きましょう。

食事中は、皿を持ち上げたり、音を立てて食べるのはマナー違反です。スープやパスタを食べる際にすすったり、皿とナイフやフォークが当たって音が鳴らないよう、意識を向けてください。

肉料理や魚料理は左側から一口ごとに切って食べます。あらかじめすべて切って食べたり、ひっくり返すのは、マナー違反になりますので気をつけてください。

和食と中華はここがポイント

和食のマナーを説明します。和食では、「箸使いを見れば育ちがわかる」と言われています。箸と椀の扱いには気をつけましょう。

箸は191ページの図のように、初めに片手で持ち、逆の手を添えて滑らすようにして持ちます。お椀は両手で持ち上げ、それから箸を取ります。

食べ終わった器は、お盆などから移動させず、元の位置に戻します。お椀もふたをきちんと閉めて置きます。**こうした動作はできるだけゆっくりと行うと、とても上品な印象に映ります。**

また、座敷のお店の場合、いつまで正座をしていれば良いのか悩みがちです。基本的には、同席した目上の方から、「足を崩してゆっくり食べよう」などの言葉があるまでは、正座のままいただきましょう。

最後に中華料理店でのマナーです。中華では円卓の場合が多く、その際は191ページの図の順番で座ります。**出入り口からもっとも遠い席を上座とし、その後は左**

右の順で目上の方から座ります。なぜ左かというと、かつて「日出づる方向＝東＝左」の方から、目上の人や役職の高い人が座った、という説から来ています。

中華は基本的には自分の食べる分は自分で取ります。上座の人から順に取り、円卓は右回りに回していきます。おかわりをしたい場合は、誰も動かしていないことを確認してから、「失礼します」と断り、ゆっくりと右回りに自分の前に寄せましょう。

最近では、お店の人に人数分に取り分けてもらうことも増えてきました。「恐れ入りますが、取り分けていただけますか」と頼んでしまってもいいでしょう。

食べる際は、和食と同じようにして箸を扱いましょう。**箸をテーブルに置く際は、縦にするのが中華のマナーなので、覚えておいてください。**ちなみに、日本で箸を横向きにするのは、「箸先を相手に向けるのは失礼」といった意味や、「自然界と汚れた人間界の結界」という意味があります。同席者への気遣いや、食べ物への感謝の気持ちが込められているのです。

「中華料理は少し残すのがマナー」という意見もあるようですが、日本の中華料理店では、気にしなくても良いでしょう。高級なお店でも、残った分を詰めて持ち帰らせてくれるところもあるほどです。「もったいない」の精神は、作ってくれたシェフへの感謝の気持ちでもあります。

和食と中華はとくにここを覚えておきたい

箸の取り方

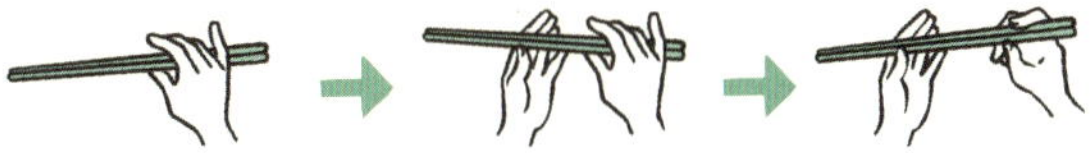

①右手で箸の
右側を上から取る

②左手で
下から添える

③右手を滑らせて
持ち替える

お椀と箸の扱い方

①右手で取り
左手は添える

②左手でお椀を持ち
右手で箸を取る
左手の中指で箸を挟み
右手を持ち替える

③食べ終わった
お椀はふたを閉じる

中華料理の席次

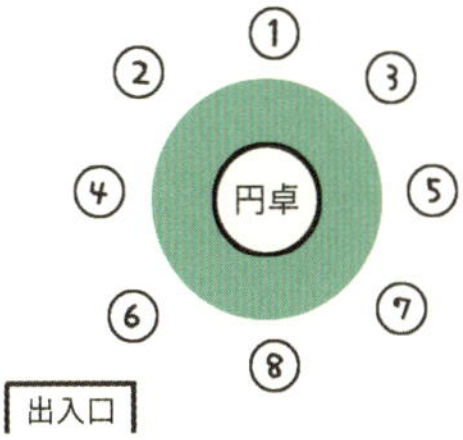

ポイント

①から順に
目上の人から座る

自然にできると、品の良い印象に

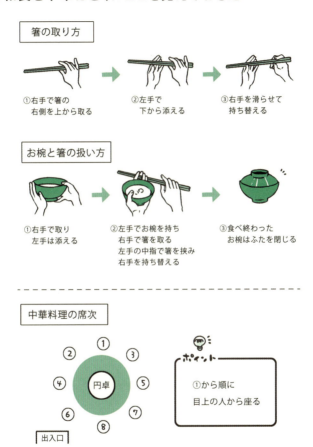

Basic works of Business Etiquette

34

結婚式は「祝福の気持ち」をあらゆる形で表現

!

教科書通りのマナー以上に大切なこと

招待状は1日でも早く返す

20代も半ば以降になると、結婚式や披露宴に呼ばれることも多くなってくるでしょう。結婚の知らせを聞いて、驚きや喜びがこみ上げる一方、諸々のマナーや作法について不安を感じることもあるのではないでしょうか。

プライベートの友人の式であれば、そこまで深く考える必要はないのかもしれません。しかし、会社の同僚や取引先関係の式に呼ばれた場合は、仕事の関係者も多く参加するため、よけいに緊張してしまうものです。マナーに則った振る舞いができるようにしておきましょう。

まずは招待状についてです。

指定された期日までに返すのではなく、**受け取ったらすぐに返信するのがマナー**です。開催する側は、席の確定や料理や引き出物の手配などのため、できるだけ早く人数を確定したいものです。できれば受け取ってから3日以内、遅くとも1週間以内には返信することを心がけましょう。

事情があり不参加となる場合は、ハガキにひと言その理由を添え、お祝いの言葉も忘れずに。また、披露宴前に着くようにお祝いの品を贈り、当日は会場に祝電を打つのがマナーです。

返信は195ページのように「御出席」の「御」を斜めの二重線で消し、「ご結婚おめでとうございます。慶んで出席させていただきます」などの一文を添えるようにしましょう。**文字を線で消す場合は、一文字の場合は斜め、二文字以上は横の二重線で消します。**一文字の場合は文字と重なって判別しづらくなるのを防ぐためです。ちょっとしたことですが、気配りを感じるはずです。

ご祝儀の意味

次にご祝儀について説明します。

ご祝儀の相場は、20～30代で友人や同僚の式であれば3万円と言われています。お札は必ず新札を用意しましょう。ご祝儀袋は最近は様々なものが売られていますが、金額によって変わります。新郎新婦の雰囲気にあったセンスの良いものを選びたいですね。

結婚式のマナーの基本

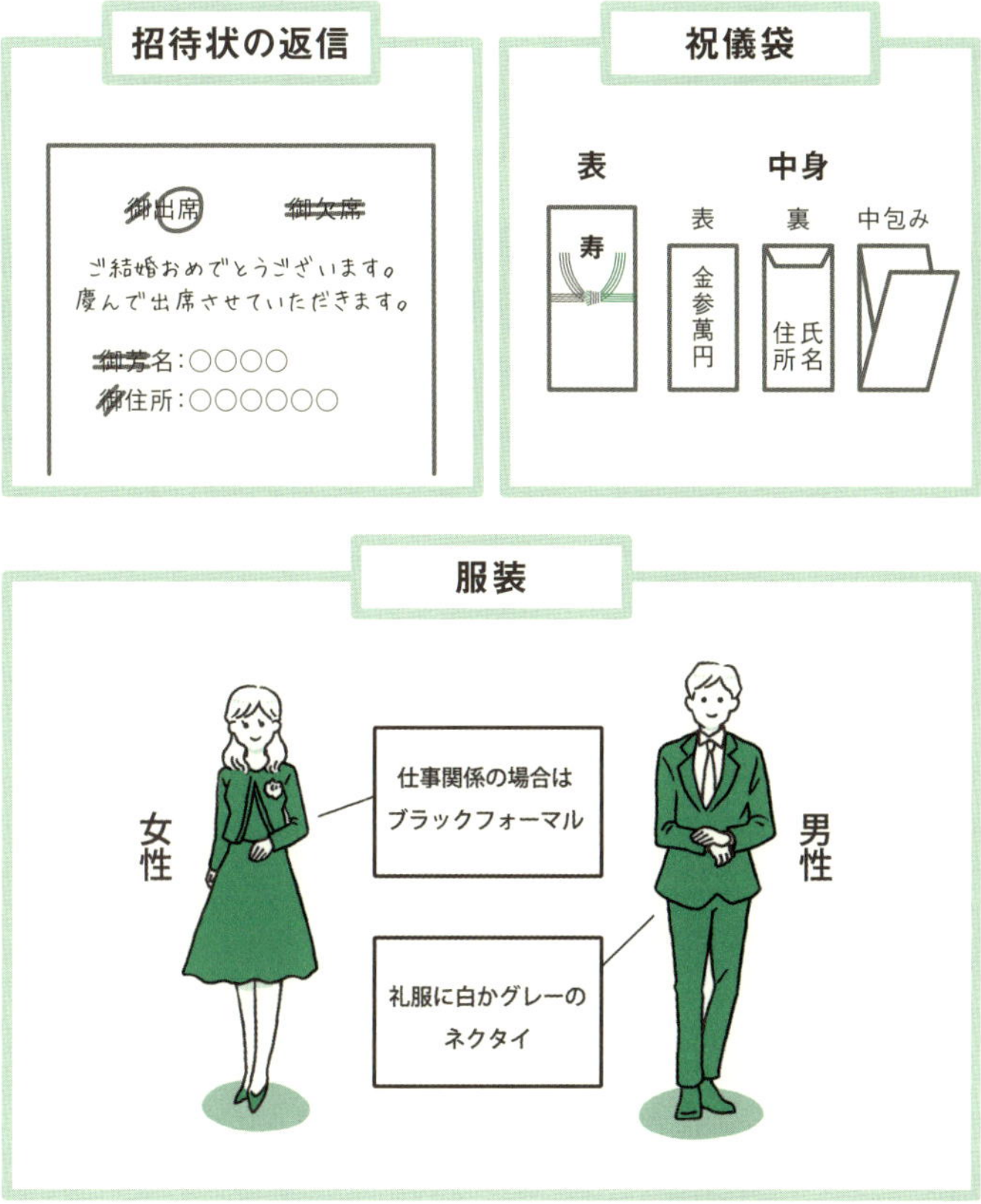

**いつ招待されても大丈夫なように
しっかりおさえておこう**

中袋の表にはご祝儀の金額を漢数字で書きます。袋を包む際は195ページの図のように上向きに折り返しましょう。結婚式のようなお祝いごとでは、「喜びは天を向く」「幸せをもらい受ける」という意味でこのような折り方になります。そしてその上に重ねて水引きを通します。

また、**ご祝儀はふくさに包んで持って行く**ようにしましょう。ふくさは最近でははさむタイプのもの（金封ふくさ）も多く、たたむ手間もないのでこちらで十分です。紫色のものであれば、婚礼のほかに葬祭や法要にも使えるので便利です。

ところで、

「3万円は高い！　本当にそんなに包まなければいけないの？」

と思ったことはありませんか。さほど親しくなく、社内の付き合い程度なのに……。毎月のようにお祝い事が続いてしまうなど、それぞれに事情はあるかもしれません。

しかし、結婚や出産などは一生のうちに何度もないような特別なイベント。とくに結婚式は二人にとって、一世一代の晴れ舞台です。そして、ゲストをもてなすために苦心していることでしょう。心からお祝いしていただきたいと思います。

よく「2万円はふたつに分かれるから縁起が悪いんですか」と聞かれますが、現代では気にしないという人も増えてきました。ただ、やはり昔からのしきたりです。2万円としたら、プラスして気持ちだけでもプレゼントを贈ることをお勧めします。

服装は、男性であればブラックスーツ（礼服）、女性であればドレスが基本です。男性のネクタイは白やグレーなど、明るい色が無難です。靴はストレートチップと呼ばれる、横一文字切り替えがある黒色がベストです。

また、**「平服で」との記載があった場合でも、スーツを着用したほうが無難**です。「平服」とは、言葉としては「普段着る服」ですが、意味としては「礼服ほど正装ではなくても、その場に適した服」ということです。「略礼装」と考えると良いでしょう。

写真を撮る、盛り上げる…もお祝いのメッセージに

当日は、指定の時間の30分前には到着するよう心がけましょう。クロークで荷物を預けたり、芳名帳の記入、身だしなみの確認などに15分はかかります。また、とくに仕事関係の方の式の場合は、**式中に上司や取引先との挨拶が十分にできないので、事**

前に済ませておくほうがベターです。名刺も一応持っていくようにしましょう。

式中はどんなに親しくても、新郎新婦の不名誉な話や過去の恋愛、品のない話はタブーです。笑顔で初対面の人たちともなごやかな会話を心がけ、心から二人の門出を祝福するようにしましょう。

途中の歓談の時間に、新郎新婦にお祝いの言葉をかけに行くのも、実は大事なマナーです。テーブルに仕事関係の方が集まっている場合は、新郎新婦を放ったまま、ずっとテーブルで上司や取引先の方と話をしてしまいがちです。**結婚式の主役は新郎新婦ですので、「おめでとうございます」「とても素敵なドレスですね」などと、感想やお祝いの言葉を伝えに行きましょう。**

また、ケーキカットやキャンドルサービスなどが行われる場合、近寄って写真を撮ったり、盛り上げることも大事です。

そういった言葉や行動が、新郎新婦にとって「ゲストに楽しんでもらえている」と何よりの祝福のメッセージにもなります。

また、式中にご両親が各テーブルにご挨拶に来られることも多々あります。そのときは、「おめでとうございます。○○さんにはいつもお世話になっています」とお祝いの言葉と日頃の感謝を伝えることを忘れないでください。

参加する新郎新婦の家族や親戚は、友人や会社の関係者を見て、「どのような会社で働いているのだろう」「どんな友人がいるのだろう」、そして「どんな人生を送ってきたのだろう」と判断することになります。

「娘（息子）の夫（妻）になる人は、礼儀正しく温かい雰囲気の会社で働いているから安心だ」

と思われたいものですね。**常に見られているという意識を持ち、会社の代表として参加しているということを忘れないようにしましょう。**そして何より、心から二人を祝福する気持ちを大切にしてください。

Basic works of Business Etiquette

35

突然の葬儀も、ここさえおさえれば万全

!

仕事関係の弔事は
会社で対応を決めるもの

訃報を受けたら慌てず確認、上司へ相談

仕事関係の方の訃報を聞く場面は、決して少なくありません。突然のことで慌ててしまったり、何と答えれば良いのか戸惑ってしまうと思いますが、落ち着いた対応ができるよう心がけておきましょう。

訃報を受けたら「ご連絡いただき恐れ入ります。心よりお悔やみ申し上げます」と、まずはお悔やみの言葉を伝えましょう。親しい間柄の場合は、「何かお手伝いできることはありませんか」とひと言添えると気持ちが伝わります。その後、葬儀などの今後の確認をしていきます。

①　葬儀・告別式の日時　②　斎場の住所と電話番号　③　喪主の氏名

以上の3点を確認しましょう。電話で受けた場合は、念のためファックスやメールなどの書面でもいただくようにしておくと確実です。

また、仕事関係の弔事の場合は、担当者との関係によって対応が異なります。**社長や上司のみの出席の場合もあるので、必ず上司に相談するようにします。**

不祝儀袋には、203ページの図のように「御霊前」と書かれているものを選ぶと、いずれの宗教でも通じます。四十九日以後は「御仏前」です。

名前は必ず薄墨で書くようにしましょう。これは涙でかすんでいる様子を表すものです。薄墨の筆ペンは市販されています。

香典の額は会社規定にもよりますが、5000円から1万円が相場です。左のページの表を参考にしてください。

服装は、男性の場合はブラックスーツ（礼服）に、光沢のない黒のネクタイ、黒革の紐靴を着用します。女性の場合は喪服を用意します。急な通夜の場合は、「用意する間もなく駆けつけた」ということでダークグレーや濃紺のスーツでもかまいません。

また、**男女とも社会人のマナーとして、自分の数珠を持っておきたい**です。高額なものを買う必要はありませんが、長年使うので天然石で5000円以上の物をお勧めします。宗派によって仕立てが異なるので、購入前に自分の宗派の確認を忘れずに。

式中は、数珠は左手に巻きます。神聖なものですので、常にお腹の位置より下げないように意識しましょう。しまうときは数珠袋に入れ、男性は胸ポケットに、女性はバッグに入れておきます。

葬儀のマナーの基本①

電話で訃報を受けたとき

お悔やみの言葉を伝える

↓

①葬儀・告別式の日時
②斎場の住所と連絡先
③喪主の氏名
以上の確認

↓

上司に報告・相談

不祝儀袋

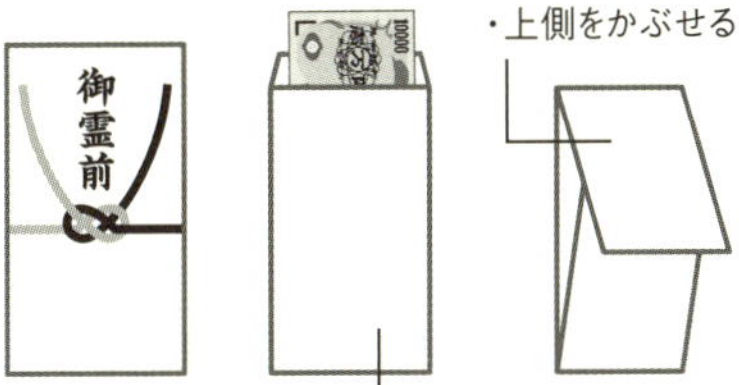

〈中包みの合わせ方〉
・上側をかぶせる

〈お札の入れ方〉
・新札の場合は折り目をつける
・お札は裏向きで入れ、肖像の顔は下へ

香典の金額の目安

関係	金額
知人・友人・会社関係者	5,000～10,000円
親戚・家族	10,000～50,000円

突然のことでも慌てずに対応できるように
きちんと覚えておきたい

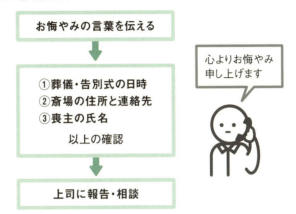

「ご愁傷様です」は避ける

受付では、香典を渡し、「このたびは心よりお悔やみ申し上げます」と伝えます。遺族の方とお話しする機会があったら、「突然のことで言葉もございません」「○○様には大変お世話になりました」などと短い言葉で哀悼の意を伝えましょう。ゆっくりと、文節ごとに間を取りながら伝えると、気持ちが伝わりやすくなります。**よく言ってしまいがちな「ご愁傷様です」は「残念でしたね」という意味合いがあり、目上の方には礼儀を欠きますので、避けたほうが無難です。**

最後に、仏式の焼香の作法について説明します。焼香は右手の親指と人差し指、中指の3本で抹香を軽くつまみ、頭を下げて目の高さまで上げたのち、香炉にくべます。宗派によって1~3回と回数が異なります。

2回目以降は目の高さに上げなくてもかまいません。回数がわからないときは周りの人に合わせるようにしましょう。

葬儀でもっとも大切なことは、故人を偲ぶ心です。以上の作法ももちろん重要ですが、何より心を込めて遺影を拝むことを忘れないようにしましょう。

葬儀のマナーの基本②

■ 服装

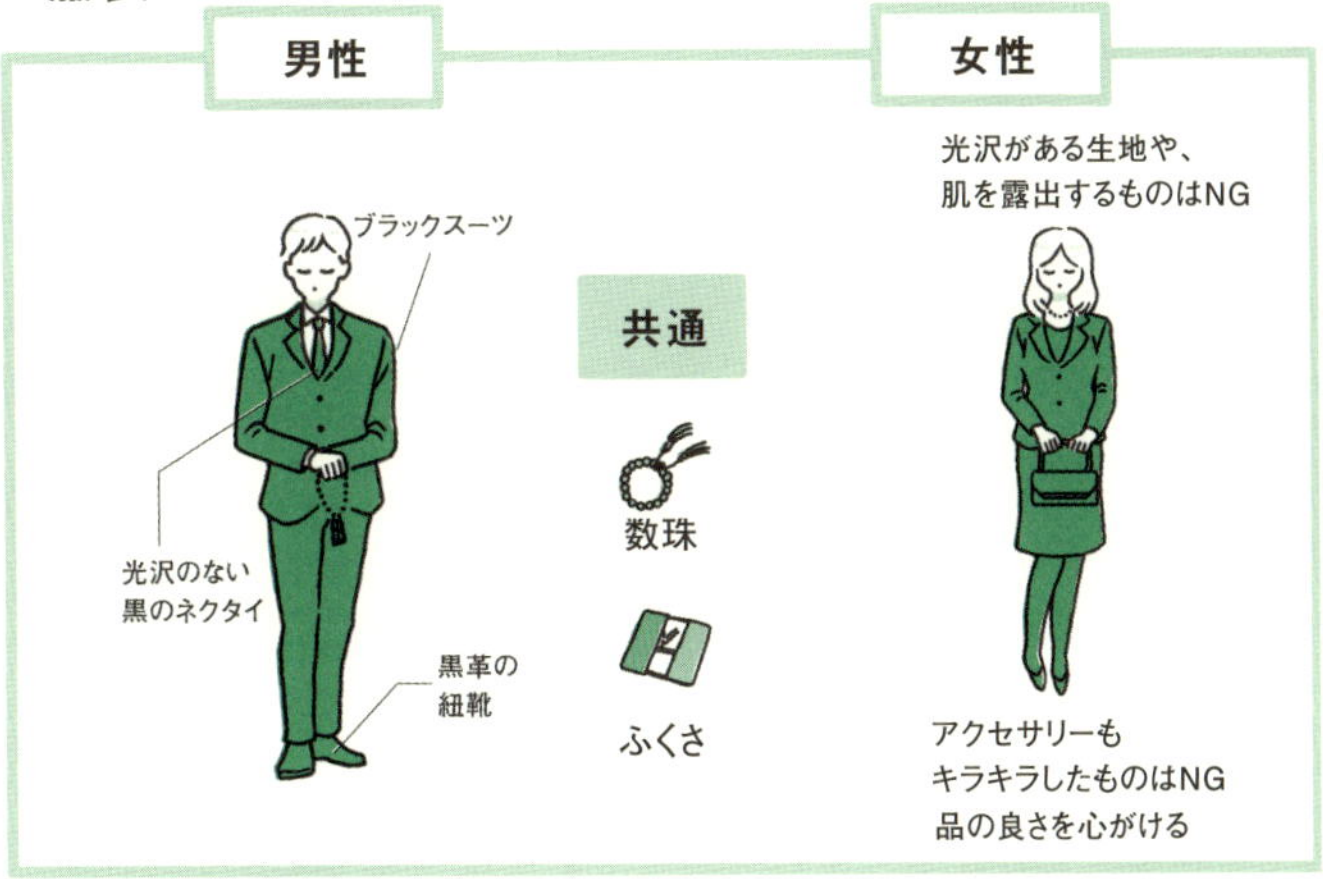

■ 焼香の手順

焼香台の一歩手前で、
「遺族」➡「導師」の順に一礼

⬇

一歩進み、合掌➡遺影拝顔➡一礼

⬇

焼香

⬇

焼香後、合掌➡遺影拝顔➡一礼

⬇

一歩下がり、「導師」➡「遺族」の順に一礼

右手でつまみ、頭を下げて目の高さまで上げる。1～3回繰り返す。（2回目以降は目の高さまで上げなくて良い）

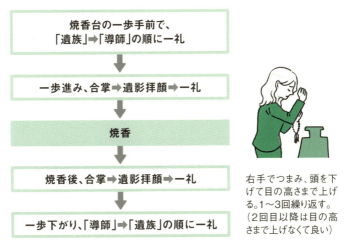

〈著者紹介〉

尾形圭子（おがた・けいこ）

◇—株式会社ヒューマンディスカバリー代表取締役
戦略的マナー講師／僧侶

◇—航空会社で研修やOJTのノウハウ、接遇の精神と技術を学ぶ。その後、大手書店、外資系化粧品会社などで、接客や人材育成に携わる。2000年に独立。2005年に会社設立。

◇—ショッピングセンターから百貨店、不動産会社や病院、官公庁など多様な業種で、ビジネスマナーを始めとして、電話応対・クレーム対応などの研修を行っている。受講者は新人から管理職、経営者まで幅広い。現場のリアルな声をすくい取った実践的な研修は「すぐに役立つ」と好評。「ことばに心をのせて」をモットーに、受講者とのコミュニケーションを大切にしている。

◇—ラジオ・テレビ出演、雑誌などへの寄稿も多数。著書には、『接客用語辞典』（すばる舎）、『電話応対＆敬語・話し方のビジネスマナー』（西東社）、『イラッとされないビジネスマナー 社会常識の正解』（サンクチュアリ出版）、『場面別 クレーム電話完全対応マニュアル』（大和出版）など20冊以上。

会社では教えてもらえない 結果を出せる人のビジネスマナーのキホン

2018年 1月28日　　第1刷発行
2020年11月 6日　　第2刷発行

著　者———尾形圭子

発行者———徳留慶太郎

発行所———株式会社すばる舎

東京都豊島区東池袋3-9-7 東池袋織本ビル　〒170-0013
TEL　03-3981-8651（代表）　03-3981-0767（営業部）
振替　00140-7-116563
http://www.subarusya.jp/

印　刷———株式会社シナノ

落丁・乱丁本はお取り替えいたします

ISBN978-4-7991-0678-5

ビジネス基本書「会社では教えてもらえない」シリーズ！ ①

会社では教えてもらえない
仕事が速い人の 手帳・メモのキホン

ISBN : 978-4-7991-0564-1
伊庭正康・著
本体 1,400 円 + 税

第１章　仕事に追われる毎日を手帳が変えてくれる！
第２章　まずおさえたい手帳のキホン
第３章　手帳１冊でどんなにたくさんの仕事も余裕で回せる！
第４章　手帳を 200%使いこなして、デキる人になる！
第５章　手帳をメモ用ノートとしても使い倒す

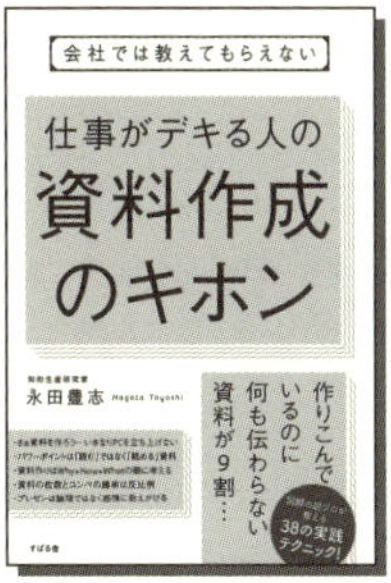

会社では教えてもらえない
仕事がデキる人の 資料作成のキホン

ISBN : 978-4-7991-0613-6
永田豊志・著
本体 1,400 円 + 税

第１章 作りこんでも内容のない資料が９割！
第２章 まずおさえたい資料作成のキホン
第３章「何を入れるか」をとことん練ろう
第４章 説得力が 10 倍アップする「見せ方」
第５章 ワード、パワポでいざ作ってみよう！
第６章 ここで差がつく！プレゼン

http://www.subarusya.jp/